Louise Otto-Peters

W0035022

edition  **paulskirche**

Bibliothek der frühen Demokratinnen
und Demokraten

Herausgegeben von: Jörg Bong, Ina Hartwig,
Helge Malchow, Nils Minkmar, Walid Nakschbandi
und Marina Weisband

Idee und Konzeption: Jörg Bong
Editorische und redaktionelle Leitung:
Rüdiger Dammann
Gestaltung: Kurt Blank-Markard

In Kooperation mit:

Louise Otto-Peters

Wenn die Zeiten gewaltsam laut werden

Mit einem Vorwort von Helke Sander

1. Auflage 2024

© 2024, Verlag Kiepenheuer & Witsch, Köln
Alle Rechte vorbehalten
Satz: Kurt Blank-Markard
Cover: Schröter, Hermann: Porträt Louise Otto-Peters, 1849
© Stadt Leipzig – Leipziger Städtische Bibliotheken
Gesetzt aus der Adobe Jenson Pro
Druck und Bindung: GGP Media GmbH, Pößneck

ISBN 978-3-462-50011-0

»DEM MÄNNERRECHT NUR GALT DAS NEUE RINGEN, DAS FRAUENRECHT BLIEB IN DEN ALTEN SCHLINGEN«

Vorwort von Helke Sander

Um begreiflich zu machen, was die Entdeckung von Luise Otto-Peters und vielen anderen Frauen der 1848er Jahre für uns bedeutete, muss ich zurück auf das Jahr 1968 gehen, zum »Republikanischen Club Berlin«, wo sich der im Januar desselben Jahres gegründete »Aktionsrat zur Befreiung der Frauen« seither an jedem Mittwoch traf.

Ich kann mich an das hochrote Gesicht von Ingrid Schmidt-Harzbach erinnern, die mit fast überschlagener Stimme und gleichzeitigem Entdeckerstolz den anwesenden Frauen verkündete, dass sie ein Buch gefunden habe von einer gewissen Lily Braun, die darüber geschrieben habe, dass es schon im letzten Jahrhundert, also im 19., eine Frauenbewegung gegeben habe.

Wir waren alle platt. Dass es Arbeiterbewegungen gegeben hatte und auch noch gab, war gewissermaßen Bildungsstandard in den meist linken Kreisen, zu denen wir gefühlsmäßig auch als Frauen gehörten und aus denen nor-

7

malerweise unsere Männer kamen. Zwei Frauen aus der DDR, die noch 1961 »rüber gemacht« hatten, wussten allerdings mehr. Sie hatten in der Schule August Bebel »Die Frau und der Sozialismus« lesen müssen und einiges von Clara Zetkin – Namen, die uns nichts sagten, aber bei den Ex-DDR-Frauen auch keinen großen Eindruck hinterlassen zu haben schienen. Immerhin wussten sie, dass es um reichlich diffus bleibende »proletarische« und »bürgerliche« Auseinandersetzungen ging.

Die anwesenden Frauen hatten allesamt Abitur, die meisten studierten oder hatten es zumindest vor (»Wenn die Kinder aus dem Gröbsten raus sind«), aber von Lily Braun und all den Namen, die allmählich auftauchten und die Angehörige einer früheren Frauenbewegung waren, die ihrerseits diverse Vorgängerinnen hatte, hatten wir bis auf die beiden erwähnten Ausnahmen nie etwas gehört. Aber auch deren Wissen reichte nicht bis an die 1848er Jahre heran, geschweige denn noch weiter zurück.

Nur eine brachte etwas zögernd das Gespräch auf die »Suffragetten«, ein Wort, das uns dem Namen nach bekannt war, aber etwas Anrüchiges an sich hatte. Suffragetten sollen Verrückte gewesen sein, die mit Regenschirmen auf Männer einprügelten. Ihr Ruf änderte sich erst, als wir selber ihre Texte gefunden hatten und zu lesen begannen.

Bald setzte ein regelrechter Boom an Neuentdeckungen ein, darunter auch Louise Otto-Peters. Es begann ein Run auf die Bibliotheken und auf immer neue Namen und Schriftstücke. Einigen Frauen ist es zu verdanken, systematisch die vielen Bruchstücke wieder bekannt gemacht und zusammengefügt zu haben.

8

Luise F. Pusch fing mit dem Sammeln frauenbiografischer Daten im Jahre 1982 an.[1] Im Jahr 2001 gründete sie das Institut für Frauen-Biografieforschung, inzwischen ein gemeinnütziger Verein mit zehntausenden Biografien.

Renate Möhrmanns Habilitationsschrift, »Die andere Frau«[2], die sich mit Schriftstellerinnen im Vormärz beschäftigte, wird von ihrem Buchverlag als »erste feministische Habilitationsschrift der Bundesrepublik« bezeichnet; die Autorin hatte aber zunächst große Schwierigkeiten, das Thema bei ihren Professoren überhaupt durchsetzen zu können.

Kirsten »Kit« Belgum befasste sich mit der Bedeutung der Zeitschrift »Die Gartenlaube«[3], die von vielen nach Amerika geflüchteten 1848ern abonniert wurde und auch diverse Texte von Luise Otto Peters enthielt.

Dr. Ilse Reicke fasste in den 20ger Jahren des letzten Jahrhunderts ihre Kenntnisse in dem Buch »Die Frauenbewegung« zusammen[4], veröffentlicht bei Reclam, in dem sie sogar bis ins 16. Jahrhundert zurückgeht. Auch ihre Schrift war schon wieder vergessen. (Völlig unverständlich dagegen bleibt ihre Unterschrift und die weiterer 88 Schriftsteller-

1 Die Sprachwissenschaftlerin Luise F. Pusch gilt als Begründerin der feministischen Linguistik in Deutschland und schreibt seit 1982 an einer »Frauenchronik«.

2 Renate Möhrmann: Die andere Frau. Emanzipationsansätze deutscher Schriftstellerinnen im Vorfeld der Achtundvierziger Revolution, Metzler Verlag, Stuttgart 1977.

3 Kirsten Belgum: Popularizing the Nation: Audience, Representation, and the Production of Identity in Die Gartenlaube, 1853–1900. Lincoln, NE: University of Nebraska Press, 1998.

4 Ilse Reicke: Die Frauenbewegung. Ein geschichtlicher Überblick, Stuttgart 1929.

Innen 1933 unter das Gelöbnis treuester Gefolgschaft für Adolf Hitler).

Agnes von Zahn-Harnack schrieb ungefähr zur gleichen Zeit das Buch »Die Frauenbewegung. Geschichte, Probleme, Ziele«, Berlin 1928. Auch vergessen.

Claudia von Alemann drehte 1987 den Film »Das nächste Jahrhundert wird uns gehören«. Der Film ist Teil der Fernsehreihe »Unerhört – Die Geschichte der deutschen Frauenbewegung von 1830 bis heute.«

Hannelore Schroeder gebührt die Ehre, 1972 die »Deklaration der Rechte der Frau und Bürgerin«, verfasst 1791 von Olympe de Gouges, wiederentdeckt zu haben. Sie erzählte mir einmal, dass sie die erste war, die das Dokument nach 181 Jahren Schlummern in der Pariser Bibliothek, ausgeliehen hatte. Es ist das einzige Dokument, das Frauen als gleichberechtigte Staatsbürgerinnen benennt. Die verschiedenen Erklärungen der Menschenrechte aus den revolutionären amerikanischen und französischen Jahren dieser und auch noch späterer Zeit sowie auch die Forderungen der männlichen 1848er taten das ausdrücklich nicht. Insofern folgen die »Schriften der frühen Demokraten und Demokratinnen« durchaus unterschiedlichen Zielen.

Olympe de Gouges wurde für ihre Tat hingerichtet und lange Zeit vollständig aus der Erinnerung verbannt. Es gibt nur wenige deutsche Männer, die sich einigen der Forderungen der 1848er Frauen nach Bildung und Bürgerrechten angeschlossen oder sie hin und wieder unterstützt haben. Nicht selten hatte diese Unterstützung den Hauptgrund, das Eheleben weniger eintönig zu gestalten, weil die normal ungebildete Frau den Männern einfach zu langweilig war.

10

Die damalige, allgemein akzeptierte Begründung hingegen, den Frauen das Recht auf Schulbildung und Berufsausbildung zu verweigern, können wir heute fast wortwörtlich bei den Taliban nachlesen, es fehlen bei ihnen nur die Argumente der gelangweilten Ehemänner.

Der Staatsmann Theodor Gottlieb Hippel sollte noch erwähnt werden, 1741 geboren, verfasste er 1774 die kritische, frauenfreundliche Schrift »Über die Ehe«[5], wagte aber nicht, das Buch im Freundeskreis um den Philosophen Immanuel Kant, zu dem er gehörte, vorzustellen.

Diejenigen, die die neue Frauenbewegung Ende der sechziger Jahre des 20. Jahrhunderts ins Leben gerufen hatten, kauften nun fortlaufend alles, was an Raubdrucken und hektografierten Texten nur irgendwie zugänglich wurde, staunten über das verloren gegangene Wissen und suchten nach den Ursachen für dieses Verschwinden, dessen Ausmaß uns erst in den folgenden Jahrzehnten richtig klar wurde.

Wir können nicht davon ausgehen, dass de Gouges' »Deklaration der Rechte der Frau und Bürgerin« als Radikalforderung den Frauen 50 Jahre nach der Französischen Revolution, also den 1848erinnen, bekannt war. Es gab offenbar nur hin und wieder eine Namenserwähnung von de Gouges, die aber nicht mit dem Inhalt des Manifests verbunden war.

Trotz der ständigen massiven Verbote vieler von Frauen gegründeter Vereine, von Diskussionszirkeln, Zeitschriften und Büchern gab es doch immer wieder noch in die nächste und übernächste Generation reichende Bekanntheitsfäden, die ein völliges Vergessen verhinderten. Anders als die revo-

5 Theodor Gottlieb Hippel: Über die Ehe, Nachdruck in der Notos Verlagsbuchhandlung Gisela Aumann, 1976.

lutionären 1848er Männer, die bis auf Ausnahmen ein abgeschlossenes Studium vorweisen konnten, waren die Frauen, auch die aus gebildeten Kreisen, im Schnitt kenntnisarm. Was sie verband, waren ihre Neugierde und ihr Wissensdurst. Es war schon beachtenswert, wenn die eine oder andere bis sie 14 Jahre alt war, eine rudimentäre Ausbildung erhielt und früh verheiratet werden konnte. Sie lernten Hauswirtschaft, stricken und nähen. Frauen durften sich nicht versammeln, keine Berufe erlernen und waren nicht an weiterbildenden Schulen zugelassen, was sowieso ihre Väter normalerweise verboten hätten – und sie waren vom politischen Leben praktisch ausgeschlossen.

Es dauerte noch einmal hundert Jahre, bevor die vier »Mütter« des Grundgesetzes 1949 den Artikel 3 in das GG aufnehmen lassen konnten. Dazwischen lag die lange Zeit der zähen internationalen Bemühungen, um das Recht auf Bildung und Berufstätigkeit immer weiter durchzusetzen.

Eine dieser Mütter, Elisabeth Selbert, geb. 1896, lernte ebenfalls als Kind sticken, stricken und nähen. Ihr Ziel war es, Lehrerin zu werden. Auch dies scheiterte zunächst an fehlenden finanziellen Mitteln und am Vaterverbot. Diese Minimal-Forderungen, an der allgemeinen Schulbildung teilhaben zu können, erklären vielleicht, warum die viel radikaleren Forderungen des Manifests von de Gouges erst wieder von der neuen Frauenbewegung aufgegriffen werden konnten.

Nach 1968 entstanden Verlage, die in kleinen Auflagen und mit wenig Geld anfingen, einige dieser alten Texte zu verlegen, und es entstanden in vielen Städten Frauenbuchläden. Als dieses Gebiet kommerziell erfolgversprechend wurde, stiegen auch die großen Verlage in die Produktion ein.

In den Buchhandlungen landeten dann diese vielfältigen und sehr unterschiedlichen Produkte zunächst unter dem allgemeinen Titel »Frauenliteratur« und nicht, wie bei Männern üblich, unter den gängigen Genres wie: Romane, Geschichte, Politik usw. Das wiederum veranlasste viele Frauen, alles daran zu setzen, nicht unter diesem Label »Frauenliteratur« zu landen.

Wenn man sich heute die Bücherregale eher betagter intellektueller Männer anschaut – betagt deswegen, weil sich die Einrichtungen mit Bücherregalen bei jungen Leuten zugunsten digitaler Geräte reduziert haben –, dann findet man nur selten Texte von Frauen zu Fragen der Zeit. Frauen lasen diese neuen Bücher, Männer nur ausnahmsweise. Wenn die Bände dennoch in deren Regalen landeten, waren es häufig die ungelesenen Weihnachtsgeschenke ihrer Freundinnen.

Dieser lange Kampf um Gleichberechtigung zog sich durch das ganze 20. Jahrhundert mit einigen Erfolgen in der Weimarer Zeit und gesetzlich durchgesetzten Rückschlägen in der Nazizeit. Die Nachkriegszeit mit einem Frauenüberschuss von rund sieben Millionen Wählerinnen nahm die Kämpfe wieder auf, die es schon am Anfang des Jahrhunderts gegeben hatte und die sich hauptsächlich, vor allem beim politischen Katholizismus, vertreten durch CDU/CSU, darum drehten, dass die Aufgaben von Männern und Frauen im Sakrament der Ehe verschieden verteilt seien und ihren entsprechenden Ausdruck in detailliert beschriebenen weiblichen Pflichten im BGB fanden, die dem Ehemann weitreichende Rechte über die Ehefrau garantierten und der »natürlichen Ordnung der Verhältnisse« Genüge taten, damit aber die Kluft zwischen Gesetz und Wirklichkeit vertieften. Dazu gehörte das Entscheidungsrecht des Mannes in allen Fragen der Kindererziehung, sein Recht, Frauen die Berufstätigkeit zu verbieten, sein Recht, in Vermögensfragen zu bestimmen u.a.m. Der § 6 Grundgesetz stellte Ehe und Familie in der christlichen Ausprägung mit dem Mann als Haupt der Familie unter besonderen Schutz. Das alles kollidierte eindeutig mit § 3 GG – Männer und Frauen sind gleichberechtigt. Die Auseinandersetzungen um diese Unvereinbarkeiten ziehen sich praktisch bis in die Gegenwart hin und spielen deshalb eine große Rolle nicht nur in den ständig wachsenden migrantischen Familien, sondern in der ganzen Gesellschaft.[6]

Mit dieser Aussage komme ich zurück auf eine der Vordenkerinnen, Luise Otto Peters, die in diesem Buch gewürdigt wird: »Immerhin soweit also wären wir, dass von allen, die dem wahren Fortschritt huldigen, es anerkannt ist: Die Teilnahme der weiblichen Welt am Staate ist eine Pflicht.«

6   Mehr dazu in Robert G. Moeller: Geschützte Mütter, München 1997.

ZUR TEXTAUSWAHL

Das schriftstellerische Werk von Louise Otto (seit 1858 Louise Otto-Peters) ist von beträchtlichem Umfang. 17 Romane, mehrere Bände mit Novellen und Gedichten, Opernlibrettos, historische Abhandlungen, Buchbesprechungen sowie zahlreiche Artikel und Essays in verschiedenen Zeitschriften und Anthologien bilden einen kaum zu überschauenden Textfundus. Die allermeisten ihrer Texte sind politische motiviert – das bringt sie durchaus in die Nähe etwa ihres Zeitgenossen Charles Dickens oder ihrer Zeitgenossin George Sand. In ihren (Tendenz-) Romanen, die teilweise zensiert oder gar verboten wurden, schildert sie die soziale Situation ihrer Zeit in drastischen, aufrüttelnden Bildern, widmet sich beispielhaft dem Schicksal von Frauen, von Menschen aus der armen Landbevölkerung, von Arbeitern und einfachen Handwerkern – und prangert damit unmissverständlich die Ungleichheit, Unfreiheit und Ungerechtigkeit des herrschenden feudalen Systems an. Ihre Forderung nach Freiheit (für alle!) macht sie zu einer bedeutenden Pionierin sowohl der Frauenrechte als auch der Demokratie. Aber natürlich war sie ein »Kind ihrer Zeit«, mit heute vielleicht manchmal »altbacken« anmutenden

Vorstellungen über das »natürliche« Geschlechterverhältnis. Das macht ihre emanzipatorische Leistung umso bewunderungswürdiger.

Für die hier vorliegende Auswahl haben wir uns für Texte entschieden, die weniger kontextabhängig sind – wie dies im Falle von Romanauszügen der Fall gewesen wäre –, als vielmehr im engeren Sinne politisch (Gedichte, Artikel, Essays) an den revolutionären Ereignissen 1848/49 orientiert bleiben. Die längeren Texte, das betrifft insbesondere die Essays »Über die Teilnahme der Frauen am Staatsleben« und »Das Recht der Frauen auf Erwerb« erscheinen in dieser Edition in einer leicht gekürzten Fassung; die Kürzungen betrafen vor allem Redundanzen, Wiederholungen oder Überschneidungen mit anderen hier aufgenommenen Texten.

Rüdiger Dammann

ÜBER DIE TEILNAHME DER FRAUEN AM STAATSLEBEN

Wenn die Zeiten gewaltsam laut werden – schrieb ich früher –, »so kann es niemals fehlen, dass auch die Frauen ihre Stimme vernehmen und ihr gehorchen.« Die Zeiten sind gewaltsam laut geworden! Der freie deutsche Geist ist aufgewacht, der schlummernd und gebunden in Ketten lag. Er ist aufgewacht und sieht, dass er Ketten trägt, und fasst in sie hinein und schüttelt sie ab – da fällt ein Ring nach dem anderen ab von diesen Ketten, und endlich werden sie alle, alle fallen – denn der freie deutsche Geist wird fortan keine Ketten mehr tragen wollen, und sobald er nicht mehr will, so muss er auch nicht. Es zieht eine heilige Frühlingsluft über das deutsche Land, welche seine Blütezeit verkündigt. (...) Und das alles fühl' und sag' ich angesichts der Gräber auf Leipzigs Friedhof, denen man noch nicht einmal das schuldige Sühnopfer gebracht hat[7] (...). Zuerst hat die *politische*

---

7 Am 12. und 13. August 1845 war es in Leipzig zu Protesten gegen einen Besuch des sächsischen Prinzen Johann gekommen. Das Militär hatte daraufhin das Feuer eröffnet und acht Menschen erschossen. Am Folgetag verlangte Robert Blum als Mitglied einer Delegation im Rathaus eine ehrenvolle Bestattung der Toten. Dies wurde verwehrt.

Poesie die Frauen aufgeweckt. Schon zu Anfang des Jahres 1844 konnte ich schreiben: »Die politische Poesie hat die Frauen mit Interesse für die Fragen des Tages erfüllt. Dank Euch Poeten! Ihr habt die Völker aus dem Schlafe singen wollen, und die Frauen sind wirklich von Euern Liedern erwacht! – Halb liegt es in jener Verzärtelung, mit welcher die weiblichen Gemüter von Kind auf nur für das Weiche, Sanfte, Schmeichelnde gebildet werden, halb in der eigentlichen Natur des Weibes, welche meist dem warmen Ausbruch des Gefühls vor den kalten Schlüssen des Verstandes, dem Schönen vor dem Starken den Vorzug gibt, dass die Poesie den Weg zum weiblichen Herzen immer offen findet, während es oft der Sprache gemessener Auseinandersetzung unzugänglich ist –, und so drang der Sinn für Politik auf dem belebenden Flügelschlag der Taube Poesie in das weibliche Herz, während er auf dem breiten Gespann der Zeitungsblätter davor anzuhalten vergebens sich bemühte – er fand keinen Einlass. Es entspricht dies ganz der übrigen Art, wie man uns bildet, wenn die trockenen Schulstudien beendet sind; unsere Länderkunde schöpfen wir aus Reisenovellen, unsere Geschichtskunde aus geschichtlichen Romanen, unsere Kenntnis deutscher Sprechregeln aus der französischen Grammatik. Warum nicht unsere Politik aus Gedichten? Solange man uns noch ein systematisches Lernen und Fortlernen verweigert, solange müssen wir in allen spielend lernen – auch in der Politik. Der erste Schritt, die Frauen zur Teilnahme in den Angelegenheiten des Staates anzuregen, ist getan – ist durch die Poesie getan.« (…) Einige wenige Beispiele werden genügen, um darzutun, dass ich mit Obigem Recht gehabt. (…)

18

Als *Herwegh* z. B. seine »Deutsche Flotte«, sein Lied für die »Partei«, sein »Die Lerche war's, nicht die Nachtigall« einzeln in die Welt sandte[8] und andere seinem Beispiel folgend in Zeitschriften oder besonderen Abdrücken Gelegenheitsgedichte gaben, welche nichts weiter – aber auch dies gerade entschieden – sein wollten als politische Demonstrationen, so machten diese Lieder auch in den Frauenkreisen schnelle Runde und regten zur weiteren Kenntnisnahme und Besprechung der darin enthaltenen Zeitfragen an. Wer die Literaturerscheinungen nicht nur in ihren Wirkungen, welche sie in der literarischen Welt selbst, sondern in denen, welche sie im Volk hervorbringen, kennt, wird wissen, dass besonders was die Poesie betrifft, die Lesewelt und besonders die weibliche immer nachhinkt. Wir Schriftsteller haben oft schon längst als einen »überwundenen Standpunkt« erklärt, woran die anderen noch eigensinnig festhalten. Als wir bei *Heine* waren, hingen sie nach an *Tiedge, Ernst Schulze, Th. Körner* u. a. – erhoben wir *C. Beck, Lenau, Anastasius Grün* u. a. auf unser Schild, so hielten sie es mit *Heine* – als *Herwegh* unsere Losung ward, so – doch hier ändert sich plötzlich die Sache, ändert sich aber durch die politische Poesie, die Frauen schwärmten für *Herwegh* so gut wie die jungen Männer, oder hielten es wenigstens für eine gesellige Pflicht, Kenntnis von ihm zu nehmen; und so hat die Poesie die Frauen aufgeweckt! Dann haben die *Landtage* wesentlich dazu beigetragen, die Teilnahme der Frauen am Staate zu beleben. Um die Sache zuerst von ihrer gewöhnlichsten und flachsten Weise darzustellen, so hat zuerst der Wunsch, ihre

8 Siehe den Georg Herwegh-Band dieser Edition.

Gatten, Väter, Söhne und Freunde vor allem Volk sprechen zu sehen und zu hören, die Frauen veranlasst, dann und wann die Kammerverhandlungen selbst zu besuchen oder, wo ihnen dies unmöglich war, die Landtagsmitteilungen zur Hand zu nehmen. Wie unser Verfassungsleben weiter sich ausbildete, wie die Teilnahme des Volks an den Kammerverhandlungen eine immer ausgebreitetere, allgemeinere ward, so ist es auch bei den Frauen geworden, und namentlich während des letzten sächsischen Landtags hat es wohl unter den gebildeten sächsischen Frauen nur wenige gegeben, welche, wenn es ihnen an Zeit oder Ausdauer gebrach, die Landtagsmitteilungen selbst zu lesen, ihnen nicht wenigstens in den Auszügen, welche die Zeitschriften gaben, gefolgt wären. War dies einmal geschehen, so konnte es nicht fehlen, dass alle die politischen Gegenstände, welche auf dem Landtag verhandelt wurden, auch mit in den geselligen Kreisen der Frauen ihre Besprechung fanden – und so war ja schon für die Teilnehme der Frauen am Staat viel erreicht, wovon man vor wenig Jahren noch nichts sich träumen lassen konnte.

Aber vor allem ist es die *religiöse Bewegung*, welcher wir den schnellen Fortschritt der weiblichen Teilnahme an den Fragen der Zeit verdanken. Mit dem Deutschkatholizismus[9] war die Losung gegeben einer allgemeinen geistigen Gleichheit vor Gott, von Priestern wie Laien, Gelehrten und Unwissenden, Männern und Frauen. Die neue Bewegung gilt der *Religion* – nicht der *Kirche*. Wäre sie nur eine Kirchenverbesserung, handelte es sich dabei um spitzfindige Lehr-

9 Der Deutschkatholizismus war eine religiös-politische Bewegung der sogenannten Vormärz-Zeit, die in liberaler Opposition zu den feudalautoritären Zuständen in Staat und Kirche stand.

sätze, um äußere Formen, so würde sie vielleicht weniger, als es geschehen, die Begeisterung der Frauen geweckt haben, da diese eben freudiger einer einzigen großen Idee sich weiht (selbst wenn sie die ganze Größe der Idee nicht immer begreifen sollte) als einzelnen Formen und bestimmten Theorien. Der Deutschkatholizismus ist ja eben gar nichts anderes als die *Emanzipation der Religion von der Kirche* – und religiöses Fühlen nach freiem Herzensbedürfnis, nicht kirchliches Gehorchen ist es, was ich oben als Hauptzug der Weiblichkeit genannt habe.

Wie nun aber alle Bewegungen der Gegenwart am lautesten sich kundgeben in der Literatur, so sollte man meinen, dass auch die Schriftstellerinnen die Zeitfragen mit in den Kreis ihrer Erzeugnisse gezogen hätten und also vor allem auch diejenigen, welche die Stellung des Weibes am nächsten berühren. (...) Dazu ist der Roman gerade in der neueren Zeit, die wieder dem Tendenzroman das Wort redet, diejenige politische Gattung, durch welche es sich am leichtesten auf andere – und besonders auf die Frauen der höheren und mittleren Stände – am sichersten wirken lässt. Betrachten wir aber die deutschen Schriftstellerinnen, so kommt mir die Mehrzahl von diesen vor wie – unsere Professoren. Es ist, als hielten sie ein spezielleres Eingehen auf die Zeitfragen – unter ihrer Würde. (...)[10] So weit also wären wir, dass von

10 Hier folgt nun eine Passage, in der sich die Autorin in gewisser Weise selbst widerspricht, indem sie sich deutlich von einer »Kollegin« distanziert, die die gerade erhobene Forderung von Otto-Peters – sich den Zeitfragen zu widmen – in ihrem Werk konsequent umgesetzt hat, Louise Aston (siehe den Louise Aston-Band dieser Edition), die aber wohl in ihrer exaltierten Lebensweise den Unmut von Otto-Peters provoziert.

allen, die dem wahren Fortschritt huldigen, es anerkannt ist: »Die Teilnahme der weiblichen Welt am Staate ist eine Pflicht.« Es handelt sich nun nicht mehr darum, ein Prinzip fest-zustellen, sondern nur darum, das Prinzip auch im Leben geltend zu machen, es zu verwirklichen. Es ist Tatsache, dass die deutschen Frauen jetzt mehr Interesse an öffentlichen, nationalen und politischen Dingen bekunden. Einzelne Erscheinungen zeigen, dass man ihnen die Gelegenheit dazu nicht mehr verweigert hat und dass sie dieselbe nicht mehr ungenutzt gelassen haben wie früher. Woher auf einmal dies alles? Wenn die Zeiten gewaltsam laut werden, so kann es niemals fehlen, dass auch die Frauen ihre Stimme vernehmen und ihr gehorchen.

Die Zustände in Bezug auf Erziehung, Bildung und Stellung der Frauen sind noch ganz dieselben geblieben wie sonst, und wir haben noch keine Gewährung dafür, dass der Anteil, welchen die Frauen jetzt an den Zeitereignissen zu nehmen beginnen, nicht wieder wie der, den sie 1815[11] nahmen, in sein früheres Nichts zurücksinke, sobald die Zeitereignisse minder gewaltig und weltbewegend sind als jetzt. Es ist noch nichts getan für den Unterricht der weib-lichen Jugend, es ist den Frauen noch keine selbstständigere Stellung in der Gesellschaft angewiesen als bisher. Noch immer gilt, was schon vor drei Jahren galt: Die Erziehung und Bildung der Frauen stehen mit unseren staatlichen und sozialen Verhältnissen im Widerspruch.

Es wird in unseren Schulen vielleicht alles gelehrt, was der weibliche Verstand bis in sein vierzehntes Jahr fassen

11 1815 endete Napoleons Herrschaft und wurde die politische Land-schaft in Europa neu geordnet.

kann – aber dann, in einem Alter, in dem alle Geisteskräfte sich erst recht zu entfalten beginnen, in dem wir erst die rechte Liebe zu wissenschaftlichen Interessen fassen, in dem wir erst einsehen können, wie notwendig es sei, sich Kenntnisse zu erwerben, wo wir erst die Fähigkeit gewinnen, nicht alles, was man uns sagt, auf Treu und Glauben blindlings hinzunehmen: In einem solchen Alter wird die weibliche Bildung für vollendet betrachtet. Da mögen nun die Mädchen hingehen und Gesundheit und reinen harmlosen Sinn den Göttern des Tanzes und sinnlichen Vergnügungen opfern (...) – mögen am Piano ihren Fingern eine mechanische Geschicklichkeit erwerben und unter diesen Mühen vergessen, was sie in der Schule gelernt – mögen unter mühevoller und künstlerischer Anfertigung ihres Putzes über dem Sirenengesang der Eitelkeit die sanfte Sprache des Herzens überhören und keine Zeit finden, den Geist mit nützlichen Kenntnissen zu bereichern – mögen es verlorene Zeit nennen, nach den Angelegenheiten des Vaterlandes und der Menschheit zu fragen: Das will alles so der Brauch und die Sitte, und was davon abweicht, nennt die Welt *unweiblich.*

Müssten sich die Mädchen nur ausbilden, um treffliche Hausfrauen zu werden – es möchte noch angehen! Aber es liegt selten im Plan ihrer Erziehung, sie zu Hausfrauen, sondern vielmehr sie zu Puppen zu erziehen, es wird ihnen nichts um der Sache selbst willen gelehrt, sondern nur, um damit zu glänzen in der Gesellschaft – zu *Puppen* der Männer werden sie gemacht und sollen doch ihre *Gefährtinnen* sein. »Die Sucht, bemerkt zu werden« – »liebloses Urteilen über andere« – »Halbwisserei« – »Nachbeterei ohne Selbstdenken« – dies wirft Ida Frick in Ihrem Buch

»Der Frauen Sklaventum und Freiheit«[12] mit Recht den jetzigen deutschen Mädchen und Frauen vor und nennt dies die Ursachen der weiblichen »Sklaverei«. Ja, aber diese vier Übel sind *nicht* die *Ursachen* unserer Bildung und Stellung, sie sind deren traurige *Folgen*. Wen man zu einer Puppe ausputzt – ich kann nicht sagen, anzieht – und als solche hinausschickt auf den Markt des Lebens, sich einen *Käufer* zu suchen, der muss wohl streben, bemerkt zu werden, wenn eben diese Schaustellung Zweck ist – wem man die Interessen für das Allgemeine, Höhere, das große Ganze nimmt, der muss wohl für Kleinigkeiten und Kleinlichkeiten sich interessieren, wem man es tausendfach erschwert, etwas Ganzes zu lernen, der muss wohl zur Halbwisserei sich flüchten, und wen man niemals denken gelehrt, sondern es stets verwehrt, der kann endlich gar nichts anderes wagen als – nachzubeten.

So suche man das Übel von Grund aus zu heilen, und beginne mit einer veränderten Erziehung der weiblichen Jugend.

Selbständig müssen die deutschen Frauen werden, nur dann werden sie auch fähig sein, ihrer Pflicht, teilzunehmen an den Interessen des Staates, immer und auf die rechte Weise nachzukommen. Diese Selbstständigkeit kann aber nur durch individuelle Bildung befördert werden (...). Die meisten Frauen bleiben Zeit ihres Lebens hindurch – Kinder. Erst leben sie unter steter, ja, stündlicher Aufsicht im Elternhaus und wagen keine anderen Ansichten zu haben als die in

12 Ida Frick (1808–1893) war eine deutsche Schriftstellerin. Ihr Buch »Der Frauen Sclaventhum und Freiheit. Ein Traum am Hans-Heiling-Felsen. Allen deutschen Frauen und Jungfrauen gewidmet« erschien 1845.

der Familie herrschenden; dann werden sie Gattinnen, und lieben sie den Gatten, so ist die Umbildung ihrer früheren Ansichten in die seinen leicht geschehen, gleichviel, ob es ganz entgegengesetzte sind oder nicht; erst urteilten sie im Geist ihrer Eltern, nun urteilen sie im Geist ihres Mannes, sie sprachen erst jenen, nun sprechen sie diesem nach. (...)

Die Frau muss fähig sein, selbstständig zu urteilen, oder sie verletzt die menschliche Würde und ihre Weiblichkeit, indem sie zum Papagei wird, der gedankenlos nachspricht, was der Gebieter ihm vorgesprochen. Mit dem selbstständigen Handeln der Frauen steht es ebenso schlimm wie mit ihren Urteilen, es ist eines die notwendige Folge des anderen. (...)

Und Ihr, deutsche Schwestern, die Ihr aufgewacht seid zu dem hellen Tag der Gegenwart, in dem unser ganzes Volk für seine heiligsten Rechte kämpft, vergesst es nie, dass auch an Euch das Vaterland heilige Forderungen hat, und so ruft die Schwestern wach, die noch träumen, und erzieht Eure Mädchen zu würdigen Gefährtinnen eines freien Volkes.

Alles, alles, was nach Freiheit strebt, muss einander heben und tragen – denn die Freiheit ist nur eine! Eine Sonne, die mit ihrem heiligen belebenden Hauch alle Glieder und Poren des Staatskörpers durchdringen muss und die ihm noch gar nicht aufgegangen!

GEDICHTE: LIEDER EINES DEUTSCHEN MÄDCHENS [13]

EPILOG

Hab' manches Lied in dunkler Nacht gesungen,
Wenn heiße Glut durchlodert mein Gehirn,
Bis meiner Harfe Saiten schrill zersprungen
Und kalte Tropfen nässten meine Stirn,
Indes die Wangen wie im Fieber brannten
Und alle Pulse zuckend sich bewegt,
Wenn alle Lichter, alle Sterne schwanden,
Die sonst der Himmel für die Menschheit trägt.
Wenn alles sich in tiefes Dunkel hüllte,
Das eig'ne Leben und das Weltgeschick' –
Dann schrie ich auf im Weh, das mich erfüllte,
Und von dem Schreie blieb ein Lied zurück,
Ein Lied, das trotzig bald mit lautem Toben
Wie Nachtgevögel Unheil kündend lärmte.
Bald wie ein nächt'ger Falter, schwarz durchwoben

13 »Lieder eines deutschen Mädchens« war der Titel des ersten Gedicht-
bandes von Louise Otto, der 1847 erschien und ihr in oppositionellen
Kreisen und in der Arbeiterschaft als »Lerche des Völkerfrühlings«
große Anerkennung verschaffte. Politische Lyrik stand seinerzeit hoch
im Kurs, weil den Dichterinnen und Dichtern vieles zu sagen erlaubt
blieb, was die Zensur den Journalisten verwehrte.

Um einen Funken todesmutig schwärmte.
Um einen Funken jener Hoffnungssterne,
Die oft verbleichen in der nächt'gen Ferne.

Hab' manches Lied am hellen Tag gesungen
Bei lauter Sonnengold und Morgenrot,
Hab' mich zum Himmel jubelnd aufgeschwungen,
Der blau und lächelnd frohen Gruß mir bot.
Hab' unverzagt, wenn Wolken auch gewettert
In gläubig frommer, heil'ger Zuversicht,
So wie die Lerchen keck hervorgeschmettert
Ein stolzes Lied, ein fröhliches Gedicht;
Und sah ich Blitze auch herniedergleiten
Zerstörend was die Freiheit aufgebaut,
Sah ich die Not, das Irrsal dieser Zeiten,
Ein Anblick wohl, vor dem es jeden graut!
Ich fühlte Kraft mit einer Welt zu streiten
Und meinen Glauben – ich bekannt ihn laut:
Die Freiheit kennt kein Enden, kein Vergeh'n,
Es muss ein Tag mit ros'gem Lichte kommen,
Da wird der Stein von ihrem Grab genommen,
Da wird sie schön und glorreich auferstehn.

Da steh' ich nun mit diesen Liedern allen
Und lass' sie klingen in die Welt hinaus,
Sie sind ja dieser Zeiten Widerhallen!
Die Gegenwart, sie ist ihr großes Haus;
Drinn sind sie alle ja geboren worden,
Es steht die Freiheit an des Hauses Pforten –
Die diesen Liedern Seele einst gegeben,

Sie treibt sie jetzt auch in das rasche Leben.
Drum sprecht nur nicht: »Was sollen diese Klänge?
Es ist kein Genius, der sie uns weiht,
Es hat das Heute schon genug Gesänge,
Du ringst vergeblich nach Unsterblichkeit.«

Und fragt nur nicht: »Warum dies Freiheitssingen,
Warum dies Träumen von der künft'gen Zeit?
Warum dies trotzge, kühne Schwerterschwingen,
Dies Siegsgeschrei von künftger Herrlichkeit?«
Warum? müsst Ihr denn auch im Lenze fragen:
Warum das Grün Euch grüßt mit Hoffnungsgruß,
Warum die Vögel Jubelwirbel schlagen?
Das tut das Grün, das Vöglein – weil es muss.

So ist mein Los, so ist mein Lied erkoren,
Wie Osterglocken klingt es durch mein Leben,
Beim Frühlingsanfang ward ich ja geboren,
s' war Ostern, als dem Dasein ich gegeben.
Drum lass' ich nimmer mir die Hoffnung rauben
Und halte fest im Lieben und im Glauben,
Die Freiheit kennt kein Sterben, kein Vergehn:
Es muss ein Tag in lichter Klarheit kommen,
Da wird der Stein von ihrem Grab genommen,
Da wird sie schön und glorreich auferstehn.
Und diesen Glauben allem Volk zu künden
Will ich als Boten diese Lieder senden.
Sie mögen selbst sich eine Freistatt gründen
Ich streu sie aus mit hocherhobnen Händen.
(...)

28

So wirds geschehn. – Es wird ein Tag erscheinen
Wo alle Völker frei und stolz sich heben,
Zu gleichem Ruf, zu gleichem Tun sich einen:
Sei jedem Volk sein heilig' Recht gegeben,
Das Recht der Sprache und der heim'schen Sitten
Wie sie die Weltgeschichte jedem lehrt,
Nichts Fremdes sei im Vaterland gelitten
Doch auch kein Tun, das nicht die Menschheit ehrt.
Ein heilig' Erbteil von Natur empfangen
Sei jeglichem die eigene Nation:
Wohl mögen herrlich ihre Säulen prangen!
Doch hat die Menschheit einen höhern Thron
Vor diesen Thron soll'n sich die Völker neigen
Als Brüder, Schwestern sich die Hände reichen.
Das ist der Menschheit neu errung'nes Eden,
Das Reich des Herrn, um das wir täglich beten.

Ich weiß' nicht, werd' ich diesen Tag erleben,
Wo zu der Liebe kehrt sich jeder Sinn,
Wo sich ihr Reich alleinig wird erheben,
Doch fühl ich mich als dessen Bürgerin.

Dem Reich der Liebe will ich Bürger werben,
Als Priesterin ihm leben und ihm sterben!

UND ICH BIN NICHTS ALS EIN GEFESSELT WEIB!
Schillers »Jungfrau von Orleans.«
(März 1848)

Es lag ein dumpfer Fluch ob allen Landen,
Ein dumpfer Fluch auf jeder Menschenbrust;
Die Völker schmachteten in schweren Banden,
Wie Hohn klang jedes Wort von Glück und Lust,
Wie Hohn klang, was die Dichterseher sangen
Von neuer Zeiten gold'nem Morgenrot –
Die Freiheitssonne war ja untergangen
Und alles ringsum nächtlich still und tot.

Da hab' ich traurig oft zu Nacht gesessen
Im wilden Schmerz, der mich nicht schlafen ließ,
Und konnte nicht die Welt um mich vergessen,
Das Leben nicht, das doch nur Elend wies –
Doch immer hörte ich im Geist die Kunde:
Warum im Dunkeln zweifeln an dem Licht?
Geschrieben steht: »Ihr wisst nicht Tag und Stunde,
Doch kommt der Herr und hält ein Weltgericht.«

Und stark im Glauben und im innern Schauen
Warf ich mich wieder in das Weltgewühl,
Sang stolze Freiheitslieder im Vertrauen:
Bald wird zur Wahrheit, was jetzt nur Gefühl.
Und klagend ob der Zeiten schwer Verschulden
An aller Völker Ehre, Seel' und Leib,
Rief ich im Zorn ob schmählichem Erdulden:
»Und ich bin nichts als ein gefesselt Weib!«

Erfüllt ward, was die Bibelworte sagen:
»Will Gott ein Volk befrein,« spricht der Prophet,
»Wird er mit Blindheit seinen König schlagen« –
Da sehn wir, wie die Freiheit aufersteht.
Der Julikönig stürzt vom Herrschersitze,
Die Marseillaise wird sein Abschied'gruß,
Sein Purpurmantel schmückt als Freiheitsmütze
Das Mal des Sklavenführers Spartakus.

So ist in Frankreich Tag und Stunde kommen,
Die Weltgeschichte hält ihr Weltgericht;
Ein glorreich' Volk hat sich sein Recht genommen,
Ein Volk, das nicht allein mit Worten spricht,
Vor dessen Taten alle Throne beben –
Und alle Völker wagen diesen Ruf:
Wir wollen frei, ein Volk von Brüdern leben,
Tot ist die Zeit, die feige Sklaven schuf!

Und jubelvoll ringsum im deutschen Lande
Hallt es von Gleichheit und von Menschenrecht;
Die Herzen lodern auf im Freiheitsbrande;
Zum deutschen Bürger wird der deutsche Knecht;
Das Volk will nicht nach Blut und Aufruhr dürsten
Doch will es ein Gesetz aus eigner Wahl,
Vor dem es selbst sich beugt samt seinen Fürsten,
Was ihm gebührt – das will es allzumal!

Freiheit und Gleichheit in den deutschen Staaten
Und jedes Recht, das man uns vorenthielt,
Um das wir lang' als schwache Kinder baten,
Das man versprach und nimmer doch erfüllt:
Das muss uns heut, das muss uns allen werden!
Es kommt die neue Zeit mit ehrnem Gang,
Mit großem Aug' und mutigen Gebärden
Und einem heiligen Triumphgesang.

(...)

O hohe Zeit! rings flicht man Bürgerkronen
Und feiert schon der Freiheit Ostertag,
Und jauchzt im »Männerstolz vor Königsthronen«,
Weckt auf das Volk, das nicht mehr schlafen mag.
O schöne Zeit! könnt' ich mit Euch erheben
Dies deutsche Land, dass frei es sei und bleib'!
Ich bet' um Segen nur für Euer Streben, –
»Denn ich bin nichts als ein gefesselt Weib!«

32

ROBERT BLUM. NOVEMBER 1848

Ists wahr? Ists möglich? klangs von Mund zu
Munde!
Wie konnte solche schlimme Tat geschehen?
So fragend Tausende betroffen stehen
Als man von Wien vernahm die Schreckenskunde.

»Ach es ist wahr!« tönt's jammernd in der Runde,
Zum Opfer wurde Robert Blum ersehen,
Als Märtyrer zum blutgen Tod zu gehen
Dem Volke treu bis zu der letzten Stunde.

Dem deutschen Volke, das ihm fest vertraute
Das ihn gewählt zu seinen Abgesandten
Weil so wie er es keiner je verstanden.

Und jedes Herz sein Hoffen auf ihm baute!
Und Allen, die wie ich ihn ganz erkannten
Verstummt der Schmerz im dumpfen Jammerlaute.

AM SCHLUSS DES JAHRES 1849

Die Glocken hallen dumpf am Jahresende,
In diesen schweren unheilvollen Zeiten
Ins Grab die deutsche Freiheit zu geleiten –
Ach! ohne Hoffnung, dass ihr Los sich wende!

Gefängnis, Flucht und Tod – das ist die Spende
Für alle, die dem Vaterland sich weihten,
Dem Volke Recht und Einheit zu erstreiten,
Dass es zu einem Reiche sich verbände!

Und doch, und doch! Die Freiheit kann nicht sterben
Ein Volk, das sich so opferfroh gezeigt,
Kann nicht für immer, kann nicht ganz verderben!

Und wenn auch jetzt der Hoffnung Saat verblüht –
Wir säten doch – das Volk wird einst noch erben
Um was wir kämpfen und noch nicht erreicht.

DER SOHN DES VOLKES

Im stillen Dorfe war's, wo ich geboren,
Wo unter'm Strohdach meine Wiege stand;
Drum hab' ich Treu dem biedern Volk geschworen,
Bei dem mir meine Jugendzeit entschwand.
Die Pflugschaar, hinter der mein Vater ging,
Des armen Herdes kümmerliche Flamme,
Sie sind das Schönste, was ich früh empfing:
Es ist mein Stolz, dass ich vom Volke stamme!

Die Pflugschaar lernt' ich als ein Heil'ges ehren
Und ehren jede Hand, die sie geführt;
Sie ist das Werkzeug, Tausende zu nähren,
Wenn sie die Felder segensvoll berührt.
Die Arbeit ist es, der mein Preis erklingt,
Und drum den Müßiggang ich laut verdamme,
Ein Jauchzen meinem Herzen sich entringt:
Es ist mein Stolz, dass ich vom Volke stamme!

Es ist mein Stolz, als Bruder Dich zu nennen,
Der Du das Feld behütet und bebaut;
Im finstern Sturm und bei der Sonne Brennen
Hab' ich mit Ehrfurcht zu Dir aufgeschaut,
Und wärst Du blieben nur ein armer Knecht,
Ich weihe doch Dir meiner Liebe Flamme;
Nur wer nichts tut, ist für mein Herz zu schlecht
Es ist mein Stolz, dass ich vom Volke stamme!

Im Volke, das da schafft mit kräft'gen Händen,
Wohnt auch die Kraft, der Jetztzeit ganzes Leid
Zu Freud' und Freiheit siegend einst zu wenden;
Drum ruf' ich's meinen Brüdern: seid bereit!
Den Bruder, der das Bruderwort verstand,
Den fasst allmächtig der Begeis'trung Flamme;
Mich knüpft an Euch ein unzertrennlich' Band:
Es ist mein Stolz, dass ich vom Volke stamme!

DEM TOTEN GATTEN. 1864

I

Aus Deinem Kerker klangen mir einst Lieder
Voll Liebeslust und wollten mich bereden,
Selbst hinter Eisengittern sei ein Eden,
Weil ich Dir Rosen warf durch sie hernieder.

Als endlich wurde Dir die Freiheit wieder,
Da ward ein Paradies von uns betreten,
In dem der Liebe holde Geister wehten,
Vereinigt klangen unsre Jubellieder.

(...)

Wie wir im Unglück treu geblieben waren
Dem Schwur: der Freiheit Fahne zu entfalten,
So haben wir ihn auch im Glück gehalten.

II

Noch einmal sprangen auf die Kerkerpforten,
Die um den freisten Geist sich einst geschlossen,
Zu neuer Freiheit führen neue Sprossen –
Und »Sterben« heißt es mit den Alltags-Worten.

So wie ein Wintersturm aus kaltem Norden
Den Blumen naht mit tötenden Geschossen,
So kam der Tod, das Glück, das wir genossen,
Mit einem einz'gen Schlage hinzumorden.

Jetzt bist Du frei und jetzt bin ich gefangen,
Gefangen noch, allein auf öder Erde,
Die Du verließt, mein herrlicher Gefährte!
(...)

III

Du hast im Kerker nicht den Mut verloren,
Du wusstest es, dass Gott mit Dir geblieben,
Mir und der Freiheit galt Dein freudig Lieben,
Der Völkerfreiheit, der Du Dich verschworen.

Wir fühlten füreinander uns geboren
Und hatten uns der Ewigkeit verschrieben –
Mich hat kein Kerker, hat kein Grab vertrieben,
Steh' ich auch weinend jetzt an seinen Toren.

Mit Schwert und Leyer standest Du im Leben,
Im Dienst der Freiheit bist in ihm gestorben
Und hast des Helden Lorbeerkranz erworben.

Und ruht das Schwert – die Leyer kann ich heben,
Am Grabe selbst steh ich erinnrungstrunken,
Denn unsre Lieb' ist nicht in ihm versunken!

Probe-Nummer.

Frauen-Zeitung.

Jeden Sonnabend
erscheint eine Nummer.

Inserate werden
mit 6 Pf. pro Zeile
berechnet.

Redigirt von
Louise Otto.

Preis:
15 Ngr. vierteljährlich.

Alle Postämter und
Buchhandlungen
nehmen Bestellungen
darauf an.

Motto: Dem Reich der Freiheit werb' ich Bürgerinnen!

No. 1. Sonnabend, den 21. April. **1849.**

Programm.

Die Geschichte aller Zeiten, und die heutige ganz besonders, lehrt: daß diejenigen auch vergessen wurden, welche an sich selbst zu denken vergaßen! — Das schrieb ich im Mai des Jahres 1848 hinaus in die Welt, als ich zunächst meine Worte an die Männer richtete, die sich in Sachsen mit der Frage der Arbeit beschäftigten — ich mahnte sie damit an die armen Arbeiterinnen, indem ich für meine Schwestern das Wort ergriff, auf daß sie nicht vergessen wurden!

Dieser selbe Erfahrungssatz ist es, welcher mich zur Herausgabe einer Frauen-Zeitung veranlaßt. Mitten in den großen Umwälzungen, in denen wir uns Alle befinden, werden sich die Frauen vergessen sehen, wenn sie selbst an sich zu denken vergessen!

Wohl auf denn, meine Schwestern, vereinigt Euch mit mir, damit wir nicht zurückbleiben, wo Alles und Alles um uns und neben uns vorwärts drängt und kämpft. Wir wollen auch unser Theil fordern und verdienen an der großen Welt-Erlösung, welche der ganzen Menschheit, deren eine Hälfte wir sind, endlich werden muß.

Wir wollen unser Theil fordern: das Recht, das Rein-Menschliche in uns in freier Entwickelung aller unserer Kräfte auszubilden, und das Recht der Mündigkeit und Selbständigkeit im Staat.

Wir wollen unser Theil verdienen: wir wollen unsere Kräfte aufbieten, das Werk der Welt-Erlösung zu fördern, zunächst dadurch, daß wir den großen Gedanken der Zukunft: Freiheit und Humanität (was im Grunde zwei gleichbedeutende Worte sind) auszubreiten suchen in allen Kreisen, welche uns zugänglich sind, in den weitern des größeren Lebens durch die Presse, in den engeren der Familie durch Beispiel, Belehrung und Erziehung. Wir wollen unser Theil aber auch dadurch verdienen, daß wir nicht vereinzelt streben nur Jede für sich, sondern vielmehr Jede für Alle, und daß wir vor Allem Derer zumeist uns annehmen, welche in Armuth, Elend und Unwissenheit vergessen und vernachlässigt schmachten.

Wohl auf, meine Schwestern, helft mir zu diesem Werke! Helft mir für die hier angedeuteten Ideen zunächst durch diese Zeitung wirken! —

Ich meine nun zwar Alles gesagt zu haben, was über die Tendenz dieser Zeitung zu sagen ist — aber leider muß ich denen Recht geben, welche mir zuflüstern, umgekehrt von der gewöhnlichen Redensart, „es sei mit dem Positiven nicht genug": ich müsse auch noch Negatives hinzufügen — will hier sagen: ich müsse mich und diese Zeitung vor Mißverständnissen schützen. — Nein! ich kann darüber keine Worte machen! ich berufe mich auf mein Leben, auf mein schriftstellerisches Wirken seit 1843 — wer etwas davon kennt, wird wissen, daß ich nicht zu den sogenannten „Emancipirten" gehöre, zu denen, welche das Wort „Frauen-Emancipation" in Mißcredit gebracht haben, indem sie das Weib zur Carricatur des Mannes herabwürdigten. Für Diejenigen, die noch nichts von mir wissen, möge einstweilen die Versicherung genügen, daß ich eben durch die Tendenz dieser Zeitung dem Irrthum entgegenzuarbeiten hoffe, welcher oft gerade die begabtesten Frauen veranlaßte, ihr Streben nach geistiger Freiheit in der Zügellosigkeit der Leidenschaften zu befriedigen. — Man wird uns weder mich, noch meine mitarbeitenden Schwestern zu diesen „Emancipirten" werfen können, wohl aber werden wir stolz darauf sein, wenn man uns Nacheiferinnen jener edlen Jungfrau aus Bethanien nennt, von welcher das leuchtende Vorbild aller Menschen sagte: „Maria hat das bessere Theil erwählt!" —

ARTIKEL AUS DER »FRAUEN-ZEITUNG«[14]

PROGRAMM *(Editorial der ersten Ausgabe)*

Die Geschichte aller Zeiten, und die heutige ganz besonders, lehrt, dass diejenigen auch vergessen wurden, welche an sich selbst zu denken vergaßen! – Das schrieb ich im Mai des Jahres 1848 hinaus in die Welt, als ich zunächst meine Worte an die Männer richtete, die sich in Sachsen mit der Frage der Arbeit beschäftigten. Ich mahnte sie damit an die armen Arbeiterinnen, indem ich für meine Schwestern das Wort ergriff, auf dass sie nicht vergessen wurden!

Dieser selbe Erfahrungssatz ist es, welcher mich zur Herausgabe einer Frauen-Zeitung veranlasst. Mitten in den großen Umwälzungen, in denen wir uns alle befinden, werden sich die Frauen vergessen sehen, wenn sie selbst an sich zu denken vergessen! Wohl auf denn, meine Schwestern,

14 1849 gründete Louise Otto eine Wochenzeitung für Frauen, die »Frauen-Zeitung – Ein Organ für die höheren weiblichen Interessen«, deren erste Nummer am 21. April 1849 in Sachsen erschien. Das aufklärerische Blatt, existierte – mit einer Unterbrechung (siehe »Biografische Notiz«) – bis 1852 und musste dann eingestellt werden, weil ein neues Pressegesetz (»Lex Otto«) erlassen wurde, das nur noch männlichen Personen die Herausgabe und Redaktion einer Zeitung erlaubte (siehe hierzu den hier aufgenommenen Artikel: »§ 12. des Entwurfs eines Preßgesetzes für das Königreich Sachsen«).

vereinigt euch mit mir, damit wir nicht zurückbleiben, wo alle und alles um uns und neben uns vorwärtsdrängt und kämpft. Wir wollen auch unser Teil fordern und verdienen an der großen Welt-Erlösung, welche der ganzen Menschheit, deren eine Hälfte wir sind, endlich werden muss.

Wir wollen unser Teil fordern: das Recht, das Rein-Menschliche in uns in freier Entwickelung aller unserer Kräfte auszubilden, und das Recht der Mündigkeit und Selbstständigkeit im Staat. Wir wollen unser Teil verdienen: Wir wollen unsere Kräfte aufbieten, das Werk der Welt-Erlösung zu fördern, zunächst dadurch, dass wir den großen Gedanken der Zukunft: Freiheit und Humanität (was im Grunde zwei gleichbedeutende Worte sind) auszubreiten suchen in allen Kreisen, welche uns zugänglich sind, in den weiteren des größeren Lebens durch die Presse, in den engeren der Familie durch Beispiel, Belehrung und Erziehung. Wir wollen unser Teil aber auch dadurch verdienen, dass wir nicht vereinzelt streben nur jede für sich, sondern vielmehr jede für alle, und dass wir vor allem derer zumeist uns annehmen, welche in Armut, Elend und Unwissenheit vergessen und vernachlässigt schmachten.

Wohl auf, meine Schwestern, helft mir zu diesem Werk! Helft mir für die hier angedeuteten Ideen zunächst durch diese Zeitung wirken! – Ich meine nun zwar alles gesagt zu haben, was über die Tendenz dieser Zeitung zu sagen ist – aber leider muss ich denen Recht geben, welche mir zuflüstern, umgekehrt von der gewöhnlichen Redensart, »es sei mit dem Positiven nicht genug«: Ich müsse auch noch Negatives hinzufügen – will hier sagen: Ich müsse mich und diese Zeitung vor Missverständnissen schützen. – Nein!

42

ich kann darüber keine Worte machen! Ich berufe mich auf mein Leben, auf mein schriftstellerisches Wirken seit 1843. Wer etwas davon kennt, wird wissen, dass ich nicht zu den sogenannten »Emanzipierten« gehöre, zu denen, welche das Wort »Frauen-Emanzipation« in Misskredit gebracht haben, indem sie das Weib zur Karikatur des Mannes herabwürdigten. Für diejenigen, die noch nichts von mir wissen, möge einstweilen die Versicherung genügen, dass ich eben durch die Tendenz dieser Zeitung dem Irrtum entgegenzuarbeiten hoffe, welcher oft gerade die begabtesten Frauen veranlasste, ihr Streben nach geistiger Freiheit in der Zügellosigkeit der Leidenschaften zu befriedigen. – Man wird also weder mich noch meine mitarbeitenden Schwestern zu diesen »Emanzipierten« werfen können, wohl aber werden wir stolz darauf sein, wenn man uns Nachfolgerinnen jener edlen Jungfrau aus Bethanien nennt, von welcher das leuchtende Vorbild aller Menschen sagte: »Maria hat das bessere Teil erwählt!«

So fordere ich denn hiermit alle gleichgesinnten Schriftstellerinnen und Schriftsteller, welche für die Rechte der Frauen in die Schranken traten, auf, mich bei diesem Unternehmen durch Beiträge zu unterstützen. Ich bitte auch diejenigen meiner Schwestern, die nicht Schriftstellerinnen sind, um Mitteilungen, zunächst die Bedrückten, die armen Arbeiterinnen, auch wenn sie sich nicht geschickt zum stilisierten Schreiben fühlen; ich werde ihre einfachen Äußerungen gern, wenn nötig, verdolmetschen – aber es liegt mir daran, dass gerade ihre Angelegenheiten vor die Öffentlichkeit kommen, so kann ihnen am ersten geholfen werden.

Alle Gesinnungsgleichen lade ich zum recht zahlreichen Abonnement ein, damit das Unternehmen gedeihen könne!

DIE FREIHEIT IST UNTEILBAR

Die Freiheit ist unteilbar! – Dies ist ein so einfacher Lehrsatz, dass er der erste Artikel in jedem Glaubensbekenntnis sein sollte. Gleichwohl müssen wir es täglich erfahren, dass er noch nicht überall Eingang gefunden, vielmehr nur bei gar wenigen Fleisch und Blut geworden ist. Es meinen viele, sich Freiheitskämpfer nennen zu dürfen, welche doch von dem Ideal der Freiheit mit ihren Gedanken fern sind und nur von einzelnen Freiheiten etwas wissen wollen, für deren Erringung sie sich abmühen. Wie viel z.B. ist in unserem Deutschland besonders nicht für Glaubensfreiheit gekämpft und gelitten worden, wie viel edle Männer und Frauen sind nicht dafür in den Tod gegangen. Sie nannten sich Freiheitskämpfer und wollten doch weiter nichts als die Freiheit, Gott anzubeten und ihm zu dienen, je nach ihrem Bedürfnis. Weiter fragten sie nach nichts. So gibt es heute noch viele – ja, selbst unter den Lichtfreunden und Deutschkatholiken –, welche sich nicht scheuen, selbstgefällig zu erklären, dass ihr Streben nach religiöser Freiheit nichts gemein habe mit dem Streben nach politischer Freiheit, ja, dass sie selbst ohne diese, sobald man ihnen nur eben jene garantiere, ganz zufrieden zu leben vermöchten. Höchstens bringt man diese heute mit der Frage in Verlegenheit, ob sie denn allen Ernstes einen so kindlichen Glauben haben, dass es ihnen nie einfällt zu bedenken, ob ein Staat, der nicht auf den Grundpfeilern der Freiheit ruht, in seinen engherzigen, bevormundenden Institutionen auch wirklich die religiöse Freiheit garantieren könne, davon noch gar nicht zu sprechen, ob er es wolle. Besonders aber meinen diejenigen sich Freiheitskämpfer vor allen anderen nennen zu dürfen, welche nur den politischen Fortschritt im Auge haben und ihm allein dienen. Dazu gehören vor allen die Liberalen vor dem März, die nur nach einzelnen Freiheiten rangen, wie Pressefreiheit, Versammlungsfreiheit usw., und die man deshalb damals, als wir sogar dieser Güter noch entbehren mussten, für Freiheitshelden hielt. Einige von ihnen, die Beschränkten und Engherzigen, deren Blicke nie über den engen Horizont des Konstitutionalismus hinausgingen, sind auf derselben Stufe stehengeblieben, auf der sie damals standen, und wer vor dem März als Freiheitsmärtyrer dastand, erweist sich jetzt als gutgesinnter Reaktionär. – Andere hingegen von diesen Politikern setzen mit den errungenen einzelnen Freiheiten, wie Pressefreiheit usw., den Kampf um andere einzelne Freiheiten fort, sie kämpfen für die Republik, nehmen sich die Freiheit, den Adel abzuschaffen und sich selbst, die Bourgeoisie, an dessen Stelle zu setzen – aber sie beweisen durch all diese Bestrebungen, dass sie nichts wissen von der einen unteilbaren Freiheit! Und die Sozialisten? Und die soziale Freiheit? Die Sozialisten, welche meinen, ihre Utopien mit Hilfe einer Zwingherrschaft gründen zu können, welche über den politischen Fortschritt gering schätzend lächeln und an die Stelle religiöser Freiheit einen erzwungenen Atheismus setzen wollen – die freilich sind eben so fern von der Erkenntnis des Satzes: Die Freiheit ist unteilbar! Sie kann nicht in dem einen Zustande sein und in dem andern mangeln – die wahre Freiheit ist eben die Gottheit, die man nicht auf dem oder jenem Berge nur anbeten kann, sondern die man verehren und ihr dienen muss und kann allenthalben, wo ihr auch noch kein Tempel errichtet ist.

Und nun lasst uns einmal fragen, wie viel Männer gibt es denn, welche, wenn sie durchdrungen sind von dem Gedanken, für die Freiheit zu leben und zu sterben, diese eben für alles Volk und alle Menschen erkämpfen wollen? Sie antworten gar leicht zu Tausenden mit Ja! Aber sie denken bei all ihren endlichen Bestrebungen nur an eine Hälfte des Menschengeschlechts – nur an die Männer. Wo sie das Volk meinen, da zählen die Frauen nicht mit.

Aber die Freiheit ist unteilbar! Also freie Männer dürfen keine Sklaven neben sich dulden – also auch keine Sklavinnen. Wir müssen den redlichen Willen oder die Geisteskräfte aller Freiheitskämpfer in Frage stellen, welche nur die Rechte der Männer, aber nicht zugleich auch die der Frauen vertreten. Wir können so wenig wie sie uns selbst zu Bundesgenossinnen haben wollen, sie die Bundesgenossen der Fahnenträger der Freiheit nennen! Sie werden ewig zu dem »Halben« gehören, und wenn sie auch noch so stolz auf ihre entschiedene Gesinnung sein sollten.

KRIEG

Wie? »Die Sittlichkeit will Duell-Mandate nur Einzelwesen, nicht Völkern geben? Eher müsste sie die Zweikämpfe als die Millionen-Kämpfe sekundieren; denn jene zeugen mehr Ehre, diese mehr Unglück.

Das Unglück der Erde war bisher, dass zwei den Krieg beschlossen und Millionen ihn ausführten und ausstanden, indes es besser, wenn auch nicht gut gewesen wäre, dass Millionen beschlossen hätten und zwei gestritten. Denn da das Volk fast ganz allein die ganze Kriegsfracht auf Quetschwunden zu tragen bekommt und nur wenig von dem schönen Fruchtkörben des Friedens, und oft die Lorbeerkränze mit Pechkränzen erkauft; da es in die Mord-Lotterie Leiber und Güter einsetzt und bei der letzten Ziehung (der des Friedens) oft selber gezogen oder als Niete herauskommt: So wird seine verlierende Mehrheit viel seltener als die erbeutende Minderzahl ausgedehntes Opfern und Bluten beschließen.

Wenn jetzt der Krieg nur wider, nicht für die Menge, und fast nur von ihr geführt und erduldet wird: So willigte gewiss ein jetziges Land in einen mehr opfernden als bereichernden Krieg viel langsamer als sonst die barbarischen, hungernden

Völker, welche nicht anders sich satt essen konnten als mit dem Schwerte in der Hand als Gabel.«

Wenn ein Weib seinen sittlichen Abscheu gegen den Krieg aussprechen will, so muss es wohl auf seiner Hut sein, dass die Leser nicht wegwerfend die Achseln zucken und meinen: So kann mir ein Weib sprechen! Ich habe deshalb mit den Worten eines edlen deutschen Mannes begonnen – mit denen unseres Jean Paul. Sie stehen in seiner »Kriegs-erklärung gegen den Krieg« in seinen »Dämmerungen für Deutschland«, einem Buch, das gerade vor vierzig Jahren erschien. Und immer noch leben wir in diesen Dämmerun-gen! Jean Paul ist ihnen schon lange entrückt und sieht viel-leicht, wie er so oft geschildert, aus seinen Sonnen-Höhen herab auf seine liebe Erde und lächelt wehmütig, dass wir's in Deutschland immer noch nicht weiter als bis zur Dämme-rung gebracht haben, wenn auch der Gedanke, den vor vier-zig Jahren vielleicht er allein von Tausenden unbeachtet oder belächelt aussprach, jetzt von ebenso vielen ihm nachgespro-chen wird, der Gedanke: »Auf der kleinen Erde sollte nur ein Staat liegen – um den hässlichen Widerstreit zwischen Moral und Politik, zwischen Menschenliebe und Landesliebe auszutilgen; nicht aber eben eine Universal-Monarchie sollte sein, weil diese wenigstens die Bürgerkriege zuließe, sondern eine Universal-Republik von vereinigten Provinzen.«

Da liegen sie vor mir, die Zeitungsberichte vom Kriegs-schauplatze aus Schleswig-Holstein. Ich brauche es nicht erst in den Zeitungen zu lesen, ich les' es auf hundert Gesichtern um mich her, welch ein Ungeheuer der Krieg ist! Da ängsti-gen sich alte Eltern um den einzigen Sohn, der ihnen noch keine Kunde gesendet, ob er noch lebend und unverletzt ist, da betrauert die Mutter ihren einzigen, der die Stütze ihres einsamen Alters war und von dessen Tod ihr bereits die schreckliche Gewissheit geworden, da irren Witwen und Waisen einher, die noch gestern glückliche Gattinnen und glückliche Kinder waren, da jammern Hunderte über ihre Lieblinge, die sie beim Abschied in der Blüte der Kraft und Gesundheit verließen und die sie nun entweder gar nicht oder mit verstümmelten Gliedern wiedersehen.

Aber ihr sagt, das sind nur Weiber-Schmerzen, die wiegen nichts, wo es sich um Völker-Schicksale handelt! Wohl, ich sage mit euch so – aber ich bitt' euch: Seht euch nur diese Völker-Schicksale ein wenig näher an und fragt, wer diese Kämpfe über uns verhängt und wer sie entscheidet?

Antwort: die Regierungen, die Fürsten.

Deutschland und Dänemark – warum würden sie Krieg zusammen führen, wenn es nicht im Interesse ihrer Fürsten geschähe? Freie Völker bekämpfen einander niemals. Wäre Dänemark ein freier Staat – was kümmerte es dies Land, ob Schleswig-Holstein eine dänisch redende Regierung hätte, wenn es nur im friedlichen Vertrag mit Dänemark lebte? Und wieder! Wäre Deutschland ein mächtiger Freistaat, wie könnt' es einem so viel kleineren Staat wie Dänemark nur einfallen, ein Glied von diesem großen Ganzen reißen zu wollen? Der Krieg um Schleswig-Holstein[15] ist nichts als ein

15 Im März 1848 forderten die Ständeversammlungen von Schleswig und Holstein die Loslösung von Dänemark und die Aufnahme eines dann unabhängigen, gemeinsamen Landes »Schleswig-Holstein« in den Deutschen Bund. Das war der Auftakt eines mehrjährigen kriegerischen Konflikts zwischen Dänemark auf der einen und Preußen/Österreich auf der anderen Seite, der erst 1867 mit der Niederlage des militärisch deutlich unterlegenen Dänemarks beendet werden sollte.

dynastischer Erbfolgekrieg – solche Kriege werden unmöglich sein, wenn es keine Erbfolge und keine Dynastien mehr geben wird.

Vor'm Jahre begann dieser Krieg damit, dass eine Freischar begeisterter deutscher Jünglinge vorangestellt und hingemordet ward – nach dem Sieg der Deutschen, als diese den Krieg bald siegreich beenden konnten, ward ein schmachvoller Waffenstillstand geschlossen, weil es den Diplomaten so gefiel – dies Jahr stehen, fallen und siegen unsere braven sächsischen Truppen in den ersten Treffen, diese Soldaten, die freilich von dem Fürsten darum am besten gegen den »äußeren« Feind zu führen sind, weil sie verlernt haben, an einen »inneren« Feind zu glauben – und was weiter wird, noch harren wir! Der König von Preußen wünscht den Krieg mit Mäßigung geführt, und es ist bereits wieder von russischen Noten und Waffenstillstand die Rede. Wird diesmal dieser Krieg nicht mit Energie und siegreich beendet, da es denn einmal Krieg sein musste: Dann ist das Blut unserer deutschen Brüder nicht, wie wir uns jetzt noch trösten wollen, auf dem Felde der Ehre und zum Ruhme des Vaterlandes geflossen, dann ist es das Blut unglücklicher Schlachtopfer auf dem Richtplatze oder zum Spaß vergossen, wie Nero römisches Blut fließen und Römer verbrennen ließ, nur um sich und dem Volk ein Schauspiel zu geben – dann bleibt uns Frauen nichts anderes, als endlos zu jammern und zu trauern über jeden in diesem Kriege Erschlagenen und Verstümmelten, nichts als der Ruf: »Weh allen, denen schuldlos Blut klebt an den Henkershänden!«.

Uns Frauen! Aber was bleibt den Männern? O, ein echter Mann wird schon Antwort haben!

50

SENDSCHREIBEN AN ALLE »VERBRÜDERTEN«

Verbrüderung! Das Losungswort ist gefallen, »Verbrüderung aller Arbeiter!« Ihr habt es selbst hinausgerufen in die Welt, ihr Arbeiter, und ihr habt es nicht ausgesprochen als eine Phrase, sondern als einen Aufruf, dem die Tat auf dem Fuße folgen soll.

Da liegen sie vor mir, die Beschlüsse des Berliner Arbeiter-Kongresses, und ich neige mein Haupt voll Ehrerbietung vor dem kleinen Buch. Ich denke an das alte Gleichnis vom Senfkorn, aus dem ein großer Baum erwuchs, der die Lande weithin überschattete und darinnen die Vögel des Himmels nisteten. So möge euer Kongress mit seinen Beschlüssen der Keim sein, aus dem ein lebendiger Freiheitsbaum erwachse, ein Baum, der alle Arbeiter in seinen Schutz nehme, der über alle Lande den Schatten des Friedens breite und aus dessen Zweigen die Triumphgesänge der Freiheit und Liebe hervorschallen!

Der zweite Teil der »Beschlüsse« handelt von der »Selbsthilfe der Arbeiter« und schließt mit dem »§. 29: Von allen diesen Bestimmungen sind die weiblichen Arbeiter nicht ausgeschlossen und genießen unter gleicher Verpflichtung gleiche Rechte.«

Mit diesem habt ihr es ausgesprochen, dass Männer und Frauen gleichberechtigt sind, nach der Gleichheit der Arbeit. Ihr habt mit diesem Paragrafen den ganzen unsinnigen Fluch aufgehoben, der auf der einen Hälfte des Menschengeschlechts liegt: unberechtigt zu sein und unterdrückt von der anderen Hälfte nach dem sogenannten Recht des Stärkeren, welches nichts ist als die rohe Gewalt und also nicht ihr Recht, sondern ihr Unrecht. Arbeiter! Ihr habt damit die anderen Männer beschämt, die Männer der Wissenschaft, des Staats, der Geschäfte usw., welche niemals daran denken, dass neben ihnen noch eine gleich große Zahl menschlicher Wesen existiert, welche auch zur Freiheit und Selbstständigkeit geboren sind wie sie, ebenbürtige Wesen. Nur der Wahnsinn alten Vorurteils und die irrtümlichen Anschauungen überwundener Standpunkte der vergangenen Zeit konnten es geschehen lassen, dass ein Mensch den anderen zu seinem Eigentum, seinem Sklaven oder, wenn ihr wollt, seiner Sklavin machte, diese Zeit ist vorüber, ein neuer Tag ist angebrochen.

So bin ich es denn gewiss: Ihr habt es nicht vergessen, dass ihr nicht nur Brüder seid untereinander, sondern dass ihr auch Schwestern habt. Schwestern, die wie ihr leiden unter den Herrenrechten des Geldes, unter der Übermacht des Kapitals, unter dem Druck tyrannischer Arbeitgeber und eines Übermaßes von Konkurrenz; Schwestern, die nicht nur gezwungen sind, ihre Arbeitskraft für einen kargen Lohn, der zum Leben nicht ausreicht, zu verkaufen, sondern die oft nur zu leben vermögen, indem sie sich der Schande preisgeben, den fluchwürdigsten Sündensold zu erwerben. Aber, wie die Natur zwei verschiedene Geschlechter schuf, so hat sie denselben für diese Verschiedenheit auch verschiedene Wirkungskreise und körperliche Fähigkeiten zugewiesen. Ihr werdet also nicht meinen, dass mir es einfallen könnte, für die Frauen das ganz Gleiche zu fordern wie für die Männer. So wenig, wie eine Frau zur Besetzung eines Staatsamtes sich eignen würde, so wenig wird sie sich auch eignen, ein Schlossermeister oder Schmied zu werden. Ebenso ist nicht zu leugnen, dass, wie jetzt die Sachen stehen, wie die Bildung der Frauen hinter der Bildung der Männer zurückgeblieben, es auch den Frauen schwer werden würde, in gleicher Weise, wie ihr es tut, Assoziationen zu bilden und sich selbst zu helfen.

Es liegt also das Los der Arbeiterinnen mit in eurer Hand, Arbeiter! Sie können sich nicht allein helfen, ihr müsst euch ihrer annehmen und sie wenigstens führen und ihnen bei der Anordnung ihrer eigenen Angelegenheiten hilfreich an die Hand gehen! Ich bin gewiss, dass ihr dies tun werdet, da ihr einmal jenen Paragrafen in eure Beschlüsse aufgenommen und am besten wisst, wie schlimm es um eure Schwestern steht. Wollt ihr mir gestatten, unter euch, wie ich es schon früher getan, die Sache unserer armen Schwestern zu vertreten, so wird es mein Stolz und meine Freude sein, für sie und zu euch zu sprechen als eure treue Schwester.

53

ASSOZIATION FÜR ALLE!

Jeder für sich! Das war der verderbliche, unmensch-
liche und unchristliche Grundsatz, der lange Zeit die
Gesellschaft regierte – sie bis auf den heutigen Tag noch
beherrscht – und an den Rand des Verderbens gebracht hat.
Wer aber einmal an dem Abgrund steht und ihn vor sich
sieht, der wird sich wohl hüten, sich selbst hineinzustürzen
oder sich ohne Gegenwehr hineindrängen zu lassen. Er handelt eben auch nach dem Grundsatz: »Jeder für sich!«, er
wehrt sich, und so kommt es denn zum Kampf Aller gegen
Alle. Damit ist keineswegs ein offener Bürgerkrieg gemeint,
sondern der anarchische Zustand der freien Konkurrenz
im Großen wie im Kleinen, der in der ganzen langen europäischen »glücklichen« Friedenszeit das Proletariat um
Millionen von Seelen vermehrt und das unheimliche Wort
Pauperismus geschaffen hat. Was aber diejenigen, welche
die gesellschaftlichen Zustände mit aufmerksamem Auge
betrachteten, längst in die Welt hinausriefen: dass die einzige
Rettung in dem Wahlspruch der Humanität liege: »Alle für
Alle!«. Das war lange Zeit ein vergebliches Rufen, weil die
Regierungen nichts dulden wollten, das nur einen Zoll breit
von der alten Ordnung (oder vielmehr Unordnung) abwich.

Jetzt endlich ist das anders geworden, und wenigstens diejenigen, welche am nächsten an dem Abgrund stehen, müssen und werden, um sich und ihre Brüder und Schwestern zu retten, das Prinzip des Verderbens. »Alle gegen Alle und Jeder für sich« aufgeben und fortan Alle für Alle einstehen.

»Die Assoziation ist frei!« Das war das Zauber-Wort, das in jenem größten März, den wir noch erlebten, die gepressten Herzen der verzweifelnden Arbeiter erleichterte und allen Bedrückten neuen Mut, neue Hoffnung gab. Ja, in der Assoziation liegt auch ihre einzige Rettung – die Rettung der armen Arbeiter und Arbeiterinnen; in der Assoziation liegt ihre ganze Zukunft!

Assoziationen für Alle! Es ist nicht genug, dass die Männer sich assoziieren, auch die Frauen müssen es tun; sie müssen entweder mit den Männern vereint handeln oder, wo die Interessen auseinandergehen, sich unter sich verbinden.

Schon mehrmals habe ich darauf hingewiesen, dass, wie die Arbeiter durch die »Berliner Beschlüsse« und durch die Einsetzung des »Zentralkomitees aller Arbeiter« in Leipzig selbst einen großartigen Anfang zur »Organisation aller Arbeiter« gemacht haben, sie auch darin würdig vorangingen, dass sie das Los der Arbeiterinnen berücksichtigten und ihnen unter gleichen Verhältnissen auch gleiche Rechte zusprechen. So soll den Bezirkskomitees der Arbeiter auch ein Komitee für Arbeiterinnen beigegeben werden. – Es gilt, zur Verwirklichung dieser Beschlüsse wirken zu helfen, und zwar von Seiten der Frauen selbst.

Die für die Stellung der Frauen als Arbeiterinnen wie im bürgerlichen Leben überhaupt gefährlichste Ansicht ist diejenige, welche ihr Los nicht direkt, sondern nur indirekt zu verbessern strebt. Wenn die Männer durch die Assoziation zu besserem und namentlich gesicherterem Verdienst gelangen, so wird natürlich auch das Los ihrer Frauen ein besseres werden – so wäre ihnen indirekt geholfen. Wir lassen uns gern diese indirekte Hilfe für die Gattinnen und unmündigen Töchter gefallen – aber den anderen Frauen, die nicht in diesen Verhältnissen stehen, dem ganzen weiblichen Geschlecht als solchem wäre damit nicht genützt, ja, sie wäre dessen unwürdig. In der neuen Gesellschaft, die wir konstituieren wollen und werden und der wir entgegengereift sind, auch wenn es noch nicht allgemein erkannt wäre, kann nicht mehr das rohe Recht des Stärkeren herrschen, das ein Geschlecht zum Eigentum des anderen gemacht hat, da gibt es nur Brüder und Schwestern, Arbeiter und Arbeiterinnen. Eben deshalb ist es an der Zeit, neben der Organisation der Arbeiter auch die Organisation der Arbeiterinnen vorzunehmen, und zwar diese wie jene auf dem friedlichen Wege der Assoziation. Das ist die direkte Hilfe, welche auch den Frauen gebührt.

Wir verhehlen uns die Schwierigkeiten nicht, welche dies Unternehmen bietet – Schwierigkeiten, die tausendmal größer sind als diejenigen, die bei der Organisation der Arbeiter angetroffen werden –, aber wer etwas Gutes ernstlich will, ist noch vor keiner Schwierigkeit zurückgeschreckt, sobald die Möglichkeit gegeben ist, sie, wenn auch nach langen Mühen und Kämpfen, zu überwinden! Nehmen wir diese Unruhe, diesen Kampf nicht auf uns, so bleibt uns dafür nichts als die Gewissheit, dass dann das Los der Arbeiterinnen immer bleiben wird, wie es gewesen: ein Los des Elends und vergeblichen Ringens, ein Los voll steter Quälereien und Demütigungen, daneben immer ganz dicht nur durch einen Schritt getrennt der scheinbar rettende Weg des Verbrechens und der Schande, im besten Falle aber ein Los der Unterdrückung und Abhängigkeit. Wollen wir unseren Schwestern, uns selbst, kein besseres verschaffen, weil es Mühe kosten wird?

Indes die Assoziation der Arbeiter leicht ist, da diese immer bestimmte Korporationen bildeten, als Gesellen und Zunft-Genossen schon immer in einer Art von Verbindung waren, fehlt es für die Assoziation der Arbeiterinnen an jedem solchen Anknüpfungspunkt. Eben deshalb ist sie aber gerade umso nötiger. Die Mädchen haben ihren Verdienst immer nur suchen müssen aufs Geratewohl, ohne sich gehörig auf das vorbereiten zu können, was zu ihrem Erwerb, ihrem Lebensunterhalt dienen sollte. Daher die Klage der Arbeitgebenden und sogenannten »Herrschaften«, dass es unter den arbeit- und dienstsuchenden Mädchen so viele »unbrauchbare« gäbe. Dieser Vorwurf über Unbrauchbarkeit ist zwar oft genug begründet, aber er trifft weniger die Mädchen, denen man ja die Gelegenheit, etwas Brauchbares zu lernen, abschnitt, als vielmehr die gesellschaftlichen Einrichtungen, welche hiervon die Schuld tragen. Der Staat hat den Arbeiterinnen nicht einmal einen Schatten derselben wenigen Rechte gegeben, welche er doch den Arbeitern gewährleistete; der Staat hat sich höchstens um die Dienstmädchen gekümmert und durch Überwachung ihrer Gesinde-Bücher sie der willkürlichen Rache ihrer Herrschaften preisgegeben oder um sie von der Polizei ausweisen zu lassen, wenn sie nicht gleich einen Dienst fanden (...). Was aber fragt der Staat nach dem Elend der Näherinnen, Stickerinnen, Klöpplerinnen etc.? – Nur durch die Assoziation helfen sich die Arbeiter auch allein und ohne die spezielle Mitwirkung des Staats: So mögen die Arbeiterinnen das gleiche versuchen; durch die »Berliner Beschlüsse« sind ihnen die Arbeiter entgegengekommen, nun mögen sie auch das ihrige tun! – In den Städten aber, wo Frauen-Vereine bestehen, wäre es Pflicht derselben, zunächst diese Sache in die Hand zu nehmen!

BÜCHERSCHAU

Soziale Reform. Eine Zeitschrift für Frauen und Männer. Herausgegeben und redigiert von Louise Dittmar. Leipzig. Druck und Verlag von Otto Wigand. 1849.

Diese Zeitschrift erscheint in monatlichen Heften. Bis jetzt liegt uns erst ein Heft (Januar) vor. Das ziemlich gleichzeitige Erscheinen dieser Monatsschrift mit unserer wöchentlichen Zeitung zeigt uns besser als alles, wie überall in der Frauen-Welt ein Drang sich kundgibt, an der allgemeinen Bewegung sich zu beteiligen und aus dem bisherigen passiven Verhalten, dem Stillstand, zu einer aktiven Stellung vorzudringen. Es zeigt uns, wie mehr als eine Schriftstellerin die bisherige Vereinzelung schmerzlich empfindet und derselben entgegenzuarbeiten strebt durch Gründung eines Organs, das vorzugsweise den weiblichen Interessen gewidmet sein soll. So sagt L. Dittmar in ihrer Einleitung:

»Soll die Umgestaltung des Lebens eine auch dem weiblichen Geschlecht entsprechende Form annehmen, dann müssen Vereinigungspunkte erstehen, von wo aus mittelbar und unmittelbar sich dieser Einfluss geltend machen kann. Zu einer solchen, zum Anfang eines Anfangs bieten wir die Hand und fordern gleichgesinnte Frauen wie Männer auf, uns in unseren Bestrebungen zu unterstützen.« Mit Freuden begrüße ich diese Monatsschrift, da ich dadurch das Werk, welches ich mit dieser Zeitung begann, zugleich von einer anderen Seite in Angriff genommen sehe, und zwar auf eine solche Weise, dass beide Zeitschriften, statt miteinander in Konkurrenz oder gar sich feindlich gegenüberzutreten, vielmehr einander ergänzen werden im Anstreben eines gemeinschaftlichen Zieles.

Während es zunächst die Aufgabe dieser Zeitung ist, auf dieses Ziel in populärster Weise, mit Berücksichtigung aller gegebenen Verhältnisse hinzuarbeiten, geschieht dies in der »sozialen Reform« auf mehr philosophischem Gebiet. Mögen hier einige Stellen aus dem Programm folgen:

»Bei der allgemeinen Schild-Erhebung persönlicher Forderungen ist endlich der Augenblick erschienen, in welchem auch die Ansprüche des weiblichen Geschlechts, wie dessen notwendige Beteiligung an der Entwickelung unsrer Zeit-Aufgaben zur Anerkennung und Wirksamkeit gelangen müssen. Nicht nur den Frauen, auch den Männern muss die Überzeugung werden, dass nur durch diese letzte und schwierigste Entfesselung der Menschheit das Ziel erreicht wird, dass nur durch Anerkennung und Würdigung, durch ungehemmte Entwickelung jeglicher Eigentümlichkeit der innerste Gedanke der Freiheit erfasst und verwirklicht werden kann. Möchten die Männer nicht zu selbstvertrauend sich allein auf eigene Kräfte stützen wollen. Die Verknüpfung aller Verhältnisse ist so ineinandergreifend, dass die leiseste Nichtachtung gegen einen Teil der Menschheit sich rückwirkend an allen Teilen rächt. Möchten daher die Männer, statt wie bisher durch böswillige Auffassung jeder

60

weiblichen Erhebung, in welchen man so selten ein höheres Streben sehen will, sich nunmehr diesen Bestrebungen anschließen, sie unterstützen und so gemeinschaftlich dem Ziel entgegengehen. Allein nach der Ansicht der Unterzeichneten muss der Impuls hierzu von Frauen selbst ausgehen; nur diese vermögen als Beteiligte die Widersprüche zwischen ihrem Wollen und Können, zwischen ihrer aufgedrungenen Stellung und ihrer selbst gewählten Bestimmung gehörig zu würdigen; nur sie vermögen durch die emporstrebendsten Antriebe wie durch die schmerzlichsten Lebenserfahrungen belehrt, die ungeheure, das ganze Leben durchziehende Kluft in ihrem Dasein zur Anschauung zu bringen. – Die große allumfassende Welt-Bewegung hat plötzlich die künstlich erhaltene Ruine der auf Privilegien gestützten Vorurteile in ihren Grundfesten erschüttert. Nur die am tiefsten und verderblichsten ins Leben eingreifenden, die geistigen und materiellen Fesseln des ganzen weiblichen Geschlechts sind bis jetzt kaum angetastet. Und doch ist keinem Verhältnis der wankende Boden so unter den Füßen entschwunden wie diesem. Hilf dir selbst, so wird Gott dir helfen, heißt es hier wie überall. Dem Blindesten muss endlich die Notwendigkeit einleuchten, selbst Hand anzulegen an die Errichtung einer eigenen unabhängigen Lebensstellung, die auch der anderen Hälfte der Menschheit, der der gegenseitigen Unterstützung am Bedürftigsten, eine freie Verfügung über das eigne Selbst, eine selbst gewählte Beteiligung im Leben möglich macht.«

Folge hier noch eine Inhaltsangabe des ersten Heftes: »Plan der Zeitschrift. – Die monarchische Welt-Anschauung. – Die Girondisten. – Der Selbstzweck der Menschheit. – Die Kunst in der Kirche. – Der Graf und der Bettler. –

Die männliche Bevormundung. – Die Konsequenzen für die Freiheit des Geschlechtsverhältnisses. – * Mein Programm als Mitarbeiterin einer Frauen-Zeitung. – Das Ideal und die Wirklichkeit. – Charlotte Corday.«

Der mit * bezeichnete Artikel ist von mir. Diese Mitarbeit an einer Schrift, die ich hier als eine fremde bespreche, kann auch befremdend erscheinen. Ich muss deshalb noch einige erklärende Worte hinzufügen. Die Herausgeberin lud mich schon vor längerer Zeit zur Mitarbeit an einer Frauen-Zeitung ein, über deren näheren Plan ich jedoch nicht unterrichtet war.

Ich genügte der Aufforderung und gab aus eben diesem Grunde der Unbekanntschaft »Mein Programm«, weil ich nicht wissen konnte, ob ich das der Herausgeberin würde unterschreiben können. Ein längeres Schriftstellertum macht uns in manchen Dingen so vorsichtig und misstrauisch. – Später hörte ich nichts wieder von dem Unternehmen, bis dieses Heft erschien.

Ich empfehle die soziale Reform allen denjenigen, die philosophische Schriften zu lesen pflegen. Sie andern zu empfehlen, würde mir nichts nützen – denn sie würden sie doch nicht lesen –, ich kenne das!

VORTRAG, GEHALTEN IM DEMOKRATISCHEN FRAUEN-VEREIN ZU OEDERAN

Werte Zuhörerinnen! Indem Sie zu einem Verein zusammengetreten sind, der höheren Zwecken dient, als denen, welche man bisher speziell, aber mit gänzlicher Verkennung vollendeter Weiblichkeit beliebte, weibliche zu nennen, haben Sie schon bewiesen, dass Sie selbst Ihre Aufgabe, die Aufgaben der Frau in dieser bewegten Zeit erkannt haben.

Ich freue mich, Sie als Gesinnungsverwandte begrüßen zu können! Schon seit Jahren habe ich danach gestrebt, meine deutschen Schwestern von der Notwendigkeit dieser höheren Aufgabe zu überzeugen, ich habe mein schriftstellerisches Wirken damit begonnen, dass ich in den »Vaterlandsblättern« über die »Stellung der Frauen im Staate« schrieb, dass ich sie dazu aufforderte, geistig teilzunehmen an den politischen Bestrebungen der Gegenwart und die treuen Gefährtinnen der Männer zu sein, wo es sich um die Rechte des Volks, um seine Freiheit handelte.

Denn das Volk besteht eben wie die Menschheit selbst nicht nur aus Männern, sondern aus Männern und Frauen. Darum müssen die Frauen, wenn schon auf andere Weise und auf anderem Gebiet, doch auch wie die Männer der staatlichen Entwicklung, der Volksfreiheit dienen. Ich habe dieses alles schon vor Jahren ausgesprochen – die Vorurteilsvollen, die Philister und diejenigen, welche sich ein Geschäft daraus machen, alles in den Staub herabzuziehen und zu verlachen; sie waren alle wider mich, sie haben mich verlacht, wie sie mich wahrscheinlich auch heute wieder verlachen werden –, aber ich wusste das voraus und habe mich nicht darum gekümmert.

Warum mich die einen schmähten, das führte mir die andern zu, und ich denke, diese letzteren waren die Besseren! Sie werden dieser Ansicht alle beistimmen, wenn ich Ihnen sage, dass unser Robert Blum einer der ersteren unter denen war, welche mich in diesen Bestrebungen für die Rechte der Frauen ermutigte.

Die Teilnahme der Frauen am Staate ist nicht nur ein Recht, sondern eine Pflicht, hatte ich gesagt, und diese Worte, welche mir Hunderte von Feinden schufen, machten Robert Blum zu meinem Freund. Ich sage das nicht zu meinem Ruhm, sondern zu Ihrem Trost, werte Zuhörerinnen, denn weil Sie dieselben Ansichten vertreten wie ich, werden Sie auch mein Los in diesen Beziehungen teilen. Wer aber gewiss ist, im Geiste Robert Blums zu handeln, kann sich schon darüber trösten, von beschränkten oder böswilligen Leuten falsch beurteilt zu werden.

Soll ich noch andere Männer aus der Gegenwart nennen, die über diese Rechte und Pflichten der Frauen mit uns gleich denken und es durch ihre Freundschaft mir bewiesen haben? So nenne ich noch den begeisterten Johannes Ronge, den Stifter des Deutschkatholizismus, und unseren edlen

Minister Oberländer[16]. Das sind Ihnen längst bekannte und hochgefeierte Namen, welche die Rechte des ganzen Volkes anerkennen und für sie einstehen, die Rechte der Frauen wie der Männer. Diese wenigen Namen, denen ich leicht noch viele andere beifügen könnte, die Ihnen aber doch vielleicht minder bekannt wären, werden Ihnen genügen, um gewiss zu sein, dass wir edle, verehrungswürdige Bundesgenossen haben – vielleicht auch werden diese Namen genügen, einige unserer Gegner zu entwaffnen und zu beschämen!

So viel als Einleitung. Es ist meine Absicht, durch geschichtliche Rückblicke zu zeigen, dass unsere Bestrebungen, dem Vaterland und der Freiheit zu dienen, keineswegs vereinzelt dastehen oder etwas Neues sind. Ich werde Sie sowohl auf einzelne Zustände als auf einzelne Frauen vergangener Zeiten aufmerksam machen, um dadurch daran zu erinnern, wie wir bereits würdige Vorgängerinnen gehabt haben und wie bei aller Eigentümlichkeit einer jeden besonderen Zeit doch vieles, was wir jetzt erleben oder anstreben möchten, schon einmal, wenn auch in anderen Formen und Verhältnissen, dagewesen ist.

Wenn man jetzt von Republiken spricht, so wird oft mit der alten, der vorchristlichen Zeit gedacht und ihrer Republiken, der aus der dunklen Tiefe der Vergangenheit hell hervorleuchtenden Gestirne der Republiken von Griechenland

16 Martin Gotthard Oberländer war ein führender Politiker der linken Opposition in Sachsen, Abgeordneter des Sächsischen Landtags und 1848/49 sächsischer Innenminister, dem – gemeinsam mit Otto-Peters – an einer allgemeinen Politisierung gelegen war, um insbesondere die Situation der Arbeiter und kleinen Gewerbetreibenden zu verbessern.

und Rom. Es ist wahr, dass die Republiken dieser Staaten uns für die Gegenwart nicht in allem als Muster dienen können, denn bei all ihrer Vollkommenheit in der Ausbildung staatlicher Formen fehlte ihnen der christliche Grund-Gedanke der allgemeinen Gleichheit und Menschen-Liebe, sie hatten den erhabenen Tempel der Freiheit auf die unsittlichen Grundlagen der Sklaverei gebaut – und darum sind sie auch wieder untergegangen. Eine bedeutsame Lehre für uns, dass auch Deutschland mit einem Freistaat nicht gedient wäre, wenn dieser nicht allen gleiche Rechte gewahrte, wenn er die Ärmsten und Niedrigsten unter uns mittelbar oder unmittelbar von seinen Wohltaten ausschlösse und die einen dem anderen untergeben, zu Sklaven machte. – Worin uns aber jene alten Republiken von Griechenland und Rom zum Muster dienen können, das ist die Stellung, welche die Frauen einnahmen.

Die gleiche Liebe für die Freiheit und das Vaterland, welche die griechischen Männer beseelte, begeisterte auch die Frauen. Es war der Stolz der griechischen Mütter, wenn ihre Söhne für das Vaterland in den Kampf zogen, und wenn sie sterbend daraus zurückgebracht wurden, so war es der Trost der Mutter, dass sie für das Vaterland Helden waren, und nur die edelste und züchtigste Jungfrau ward dazu ausersehen, wenn die Römerin dem heimkehrenden Römer den Siegeskranz reichte. Noch durch viele Beispiele – aber schon die angeführten werden genügen – könnte ich beweisen, wie die griechischen und römischen Frauen sich als Bürgerinnen eines freien Staats zu bewähren wussten. Ich habe angedeutet, wie diesen heidnischen Republiken zu ihrer Vollendung eben die christliche Anschauung fehlte, die erst einer

66

späteren Zeit vorbehalten war. Es kann nun wohl die Frage entstehen, ob unsere Bestrebungen, dem Vaterland und der Freiheit, der Sache der Menschheit überhaupt zu dienen, da wir uns bisher nur auf heidnischer Frauen-Vorbilder beriefen, auch christliche Bestrebungen sind. – Blicken wir zurück auf die Zeit, da Jesus Christus, unser Herr und Meister, selbst auf Erden lebte und lehrte. Als armer Zimmermannssohn geboren und das einfache Handwerk seines Vaters übend, war Jesus recht eigentlich ein Kind des Volkes. So war es auch nur das eigentliche Volk, das arme und niedrige und um dessentwillen von den Reichen und Vornehmen verachtete, an das er sich wendete und das ihm zulief. Den Großen, den Pharisäern und Schriftgelehrten unter den Juden, war seine Lehre ein Ärgernis, und den gelehrten und bildungsstolzen Griechen eine Torheit – gerade so geht es noch heute allen Volksmännern, welche den Vorurteilen ihrer Zeitgenossen entgegentreten.

(Fortsetzung)

Wie es nun Jesus, indem er das Evangelium der allgemeinen Menschenliebe, der Freiheit und Gleichheit verkündete, vorzugsweise mit den Armen und von ihren übermütigen, hochgestellten Mitbürgern Verachteten hielt, so dass jene ihm nachredeten: »er isst mit Sündern und Zöllnern«, so nahm er auch der Frauen sich an und verschmähte es nicht, sie zu belehren und sie auf den rechten Weg zu führen, wie er die Männer führte, denn er war ja eben gekommen, die ganze Menschheit zu erlösen. Ihr kennt das schöne Freundschaftsbündnis, welches Jesus mit den Schwestern in Bethanien ver-

67

band, *Maria* und *Martha*. Erinnern wir uns der herrlichen Szene, in welcher er bei ihnen weilte, Maria zu seinen Füßen saß, seine göttlichen Lehren zu vernehmen, indes Martha ihn mit sorgfältiger Bewirtung am besten zu ehren meinte. Martha machte der Schwester Vorwürfe, dass sie sich nicht auch diese Mühen mache. Jesus aber antwortete: »Maria hat das bessere Teil erwählt – das soll nicht von ihr genommen werden.« An dies Wort unseres Meisters halten wir uns: *Das soll nicht von ihr genommen werden!* Damit ist es ausgesprochen für alle Zeit und festgestellt als ein christlicher Grundsatz: Die Frau soll nach dem Höheren streben, ihre Seele den Lehren erhabener Menschen öffnen und ihren Geist nähren mit geistiger Speise – das ist ihr besseres Teil, das nicht von ihr genommen werden soll!

Mit diesen Worten, meine Schwestern, lasst uns all den Marthas antworten, die wir in unseren Kreisen treffen und die uns mit Vorwürfen überhäufen, weil wir neben unseren besonderen weiblichen Pflichten auch noch höheren Bestrebungen huldigen, die sie nicht wollen gelten lassen, diese höheren Bestrebungen sind eben das bessere Teil, von dem unser Meister gesagt hat: Das soll nicht von ihr genommen werden. Wissen wir aber, dass wir in seinem Geiste handeln, was können uns dann die Urteile der Welt kümmern? (…)

Stellen wir uns nun aber vom Boden des Christentums auf den des *Vaterlandes!* Bei keinem Volk der alten Welt, nicht einmal bei den Griechen und Römern, nahmen die Frauen eine so würdige Stellung ein wie bei unseren deutschen Vorfahren, den alten *Germanen*. Diese alten Germanen waren ein rohes Volk, das die deutschen Wälder bewohnte

68

und das die überfeinerten Römer nicht anders als ein Volk von Barbaren nannte. Aber diese barbarisch gescholtenen Germanen waren ein freies, tapferes Volk, das sich selbst seine Gesetze gab und sie auf die heiligen Rechte begründete, die in jedes Menschen Brust geschrieben sind. Darum war die Frau die Gefährtin des Mannes, sie versorgte sein Hauswesen, sie erzog seine Kinder, aber sie nahm auch teil an allem, was ihn betraf, sie war seine vertrauteste Freundin. Die Germanen waren ein kriegführendes Volk, und die Frauen zogen mit ihren Männern in die Schlacht, nicht um mitzukämpfen, aber um ratend und liebend ihnen beizustehen, die Verwundeten zu pflegen, bei den Begräbnissen der Toten die Klagelieder und nach gewonnener Schlacht die Siegeslieder zu singen, ja, mitten im Kampf durch ihre kriegerischen Gesänge die Kämpfer zu begeistern.

Zwar war es bei den Germanen Brauch, dass sie das Mädchen, das sie zur Gattin wollten, gewaltsam raubten und in ihr Haus führten, aber dieser Brauch war eben darauf gegründet, dass ein germanisches Mädchen nur einem kühnen, tapferen Gatten sich gern ergab, dass sie nie die Gefährtin eines Feiglings, sondern nur die eines mutigen Helden sein wollte. Auch geweihte Priesterinnen und Seherinnen waren die germanischen Frauen. (…)

So war es in der alten Zeit – nun stieg das Mittelalter herauf, mit dem allmählich das reine Christentum zur römisch-katholischen Kirche verfälscht und aus der Religion der Liebe und Freiheit eine Religion der Furcht und Knechtschaft gemacht ward. Die Verehrung der Heiligen und der Jungfrau Maria ward eingeführt, und die Klöster stiegen empor. Da hinein flüchteten sich neben unglücklichen und verirrten auch diejenigen Frauen, die ein höheres Streben in sich trugen und dafür im äußeren Leben keine Befriedigung fanden. Die Frauen, wenigstens die hochgestellten und schönen, wurden in dieser ritterlichen Zeit des Minnedienstes vielleicht mehr geehrt als in jeder anderen. Jeder Ritter wählte eine Dame, deren Farben er in der Schlacht trug, die er in Liedern besang, in deren Namen er kämpfte. In den Turnieren, den Festspielen der Ritter waren es die Frauen, unter deren Augen sie sich tummelten, und welche ihnen die Ehrenzeichen reichten – allein, diese Verehrung, die sich nur auf Jugend und Schönheit beschränkte, hatte doch keinen wahren Wert, und indem sie die Frauen scheinbar erhöhte, erniedrigte sie eigentlich dieselben. Auch herrschten diese zarten Sitten eben nur bei den höheren Ständen, sie galten nur der Dame, nicht der Frau.

Die Frauen der anderen Stände lebten in Abhängigkeit und Stumpfheit dahin. Beten und arbeiten war ihr Los. Die höhere Bildung hatte sich in die Klöster geflüchtet, aber es war eine tote Gelehrsamkeit, die wohl die Frauen befähigte, Äbtissinnen ihrer Klöster, Vorsteherinnen ihres Ordens zu werden, übrigens aber ohne jeden Gewinn fürs Allgemeine blieb. Diejenigen Nonnen, welche als barmherzige Schwestern durch das Land zogen, Kranke pflegten, besonders in Zeiten der Pest, bewährten noch am schönsten die Aufopferungsfähigkeit der Frauen für die Menschheit. Wohl gab es einzelne Fürstinnen und Burg-Frauen, deren Namen uns die Geschichte aufbewahrt hat, die unter ihrem Geschlecht glänzend hervorragten und ihren Einfluss geltend machten in der deutschen Geschichte – aber ihr Beispiel hat für die Gegenwart seine Kraft verloren. Denn jetzt wird und darf

70

die Geschichte nicht mehr von den Höfen, gleichviel ob von Fürsten oder Fürstinnen, gemacht werden, sondern dazu ist eben das mündiggewordene, das ganze Volk berufen, die Frauen wie die Männer aller Stände! Wenn aber im finsteren Mittelalter ein Mädchen oder eine Frau aus den unteren Ständen sich in irgendetwas hervortat, sei es, dass sie durch ihre Schönheit oder ihre Tugend einem vornehmen Ritter Liebe einflößte, dem man sie als armes Mädchen oder Bauern-Dirne nicht für ebenbürtig hielt, sei es, dass sie in irgendeiner Naturwissenschaft Kenntnisse hatte oder für eine hohe Idee sich begeisterte: So ward sie der Zauberei bezichtigt und ihr als Hexe der Prozess gemacht. Unsere alten Urahnen, die Germanen, nannten in ehrfurchtsvoller Scheu diese begeisterten Frauen Seherinnen. Das abergläubische Mittelalter aber, in dem die Pfaffen alles, was nicht ihren selbstsüchtigen Zwecken diente, als Teufelswerk darstellten, machten diese Frauen zu Hexen. Oft waren diese sogenannten Hexen wirkliche Somnambulen – und da der niedrige Standpunkt der damaligen Wissenschaft diese Krankheit nicht zu erklären wusste, so war es beinahe natürlich, dass man die davon Ergriffenen mit furchtsamen Augen betrachtete und sich ihrer zu entledigen suchte. (…) So wurden die unschuldigsten und oft die besten Frauen im Mittelalter als Hexen verbrannt.

Das grässlichste Schauspiel dieser Art bietet Frankreich. Frankreich war von den Engländern bis über die Hälfte unterjocht, ein englischer Prinz, ein Kind, zum König von Frankreich gekrönt, und der rechtmäßige König vertrieben worden. In allen Schlachten siegten die Engländer, und Frankreich seufzte unter dem unerträglichsten Druck übermütiger Eroberer. Der Schmerz, der durch das ganze Volk ging, fand auch im Herzen eines armen Hirten-Mädchens, Johanna d'Arc, das tiefste Echo. Sie konnte es nicht ertragen, ihr Vaterland in solcher Schmach zu sehen. Heimlich verließ sie ihr stilles Dorf und eilte in das französische Lager, gerade als die Franzosen mit den Engländern im Gefecht waren. Die Franzosen wollten eben fliehen, als Johanna d'Arc sich an ihre Spitze stellte und sie wieder gegen den Feind führte. Der Anblick dieses kühnen Mädchens begeisterte die französischen Krieger so, dass sie mit neuem Mut sich in den Kampf warfen, die Engländer aber glaubten an Zauberei und flohen.

Von da an weilte Johanna bei dem Heer, das nun siegesmutig an sie wie einen rettenden Engel glaubte, so zogen sie von Sieg zu Sieg, und das Vaterland ward von der Fremdherrschaft erlöst. Was aber war das Los dieses Helden-Mädchens: Johanna d'Arc, die Jungfrau von Orleans, fiel in die Hände der Engländer, und die Franzosen ließen es geschehen, dass ihre Retterin als Hexe verbrannt ward.

Das also war das Los einer Jungfrau, die ihr Vaterland geliebt und errettet hatte! Meine Schwestern, können wir uns nun wohl darüber beklagen, wenn man auch in uns das, was unser Edelstes ist, die Begeisterung für Vaterland und Freiheit, zu schmähen sucht, wenn uns die Mitwelt darum verkennt und verketzert? Aber die Nachwelt richtet gerecht. Johanna d'Arc steht als ein leuchtendes Vorbild da für alle Frauen, und unser edelster deutscher Dichter, Schiller, hat durch seine begeisterte Dichtung: Die Jungfrau von Orleans, die Unsterbliche auch für uns Deutsche noch herrlich verklärt.

(Schluss)

Aber mitten heraus aus dem finsteren Mittelalter brach der
lichte Strahl der Reformation. Ja, zuerst nur ein Strahl, als
Johannes Huß und Hyronimus die Kirchen-Verbesserung
lehrten. Huß kam auf die ersten Urlehren des Christentums
zurück, die der allgemeinen Gleichheit und Freiheit. *Der
Kelch für Alle!* das war sein Losungswort – damit vernich-
tete er das Vorrecht der Priester und jedes Vorrecht. Die
römischen Pfaffen ließen ihn dafür auf dem Scheiterhaufen
sterben. (...)

Das Losungswort der Hussitten oder Kalixtiner (Kelch-
ner) »*der Kelch für Alle*« brachte den christlichen Grundsatz der allgemeinen Gleichheit aller Menschen wieder zu
Ehren. Priester und Laien, Männer und Frauen, sie sollten
alle gleiche Rechte haben, zumal das gleiche Recht, nach dem
Höheren zu streben und, ohne eines menschlichen Vermitt-
lers zu bedürfen, vom Kelch des Heils selbst zu trinken. Und
so wandten die Frauen mit den Männern begeistert dieser
Lehre sich zu. So stillten sie alle ihr Dürsten nach diesem
Kelch, der ihnen so lange vorenthalten gewesen. So stritten
die Frauen wie die Männer für das heilige Kleinod, so gingen
die Frauen mit den Männern freudig für dasselbe in den
Tod, in den Ketzertod. Die unglückseligste Zeit kam über
Deutschland, eine Zeit, der die unsrige in vielen Beziehungen gleicht. Es erfüllte sich wieder einmal Jesus propheti-
sches Wort: wo Fünfe in einem Hause sind, da werden Drei
gegen Zwei sein und Zwei gegen Drei; der Sohn wird wider
den Vater sein und die Tochter wider die Mutter. Es sind
aus dieser Zeit unzählige Beispiele, besonders auch der

Opfer bekannt, welche von Frauen der neuen Lehre gebracht wurden. Herzensglück, Familienbande und jedes irdische Glück opferten sie freudig der reinen Überzeugung. Denken wir daran, meine Schwestern, hinter diesen edlen Vorbildern nicht zurückzubleiben! Derselbe Drang nach Freiheit, der in dem umnachteten Jahrhundert zunächst als ein Drang nach *Glaubensfreiheit* auftrat, es ist derselbe, welcher auch in unseren Tagen sich herrlich offenbart hat! Denn *die Freiheit ist nur eine!* Nur Einseitige mögen von religiöser, von politischer, von sozialer Freiheit sprechen – die Freiheit selbst ist einzig und unteilbar und fasst dies alles in sich. Wohlan denn, geben wir diesem Drange uns hin, dienen wir mit derselben Aufopferungsfähigkeit, mit dem ihm gedient ward zur Zeit der Reformation.

Was Huß begonnen hatte und was nach der Besiegung der Hussiten auch mit besiegt schien: das Werk der Reformation – unser Martin Luther nahm es wieder auf und führte es siegreich weiter. Wie er selbst mit Kraft, Entschlossenheit und Begeisterung den Männern ein Beispiel gegeben, so gab es auch seine Gattin Katharina von Borg den Frauen. In den strengsten Lehren der römisch-katholischen Kirche aufgewachsen und im Kloster bereits Nonne geworden, war ihre Seele doch für das neue Licht empfänglich und ihr Herz für die Liebe eines Mannes wie Luther. Die Nonne, weil sie selbst das Bessere erkannt hatte, trotzte dem Vorurteil, sie floh aus dem Kloster, um die Gattin des Ketzers zu werden. (…)

Der dreißigjährige Krieg war ausgekämpft und das Mittelalter damit unter Schwerter-Klängen ins Grab geläutet. Eine allgemeine Erschöpfung folgte wie immer der vorhergegangenen langen Kette welterschütternder Ereignisse. Die Geschichte ward wieder von den Höfen, den Kabinetten gemacht, statt von den Völkern. Wissenschaften und Künste begannen sich zu entwickeln und allmählich aufzublühen, aber immer nur unter den französischen Einflüssen, welche der Krieg nach Deutschland gebracht hatte. Die Verhältnisse an den Höfen zumal und in den höheren Ständen waren tief entsittlicht. Wohl gab es Frauen, und teils mit hohem Verstand begabte, die großen Einfluss aufs Allgemeine übten, aber es ist besser, wir verschweigen ihre Namen, denn sie gereichen unserem Geschlecht nicht zur Ehre. Das sogenannte Maitressentum der Fürsten war Brauch geworden. Die gemeinen Bedientenseelen vornehmer Herren ließen es sich zur Ehre gereichen, wenn Fürsten ihre Töchter verführten, sobald diese dann nur am Hofe frei walten und schalten konnten. Diese unsittlichen Verhältnisse ihrer Großen haben den armen Völkern oft ihr sauer erworbenes Gut gekostet, indem dieselben ausgesogen wurden, die Launen eines verworfenen Weibes zu befriedigen. Noch schändlicher aber war die indirekte Wirkung, die durch das Beispiel von oben gegeben ward, für die allgemeine Sittlichkeit. – Mit den französischen Sitten war auch die französische Sprache Hofsprache geworden und ward deshalb auch in allen Kreisen der Gesellschaft, die sich zu oben drängten, angenommen. Es galt für gemein, seine Muttersprache zu sprechen. Man ließ französische Mädchen und Männer kommen, welche den Kindern verwehrten, ihre vaterländische Sprache zu reden, ihnen dafür die französische und die französischen Sitten aufdrängten. Wahrlich, niemals hat ein Volk sich tiefer selbst entwürdigt als hier das deutsche! Eine größere Unnatur hat

75

es nie gegeben. Gegen diese französischen Einflüsse erheben sich endlich die Träger der Poesie, die Schriftsteller zu Ende des vorigen Jahrhunderts. Mit und durch Schiller und Goethe bildete sich in Weimar ein Kreis aus deutschen Dichtern und Kunstfreunden, in denen auch die Frauen eine edle, einflussreiche Stellung einnahmen. Schillers Gattin besonders und schon früher Goethes Mutter, die sogenannte Frau Rat in Frankfurt, sind von entschiedenem, wenn auch indirektem Einfluss auf ihre Angehörigen gewesen. Es gibt überhaupt viele rührende Beispiele, besonders unter den deutschen Schriftstellern, von dem Einfluss der mütterlichen Erziehung und Liebe auf den Sohn – das ist eine Mahnung für jede deutsche Mutter, sich mit umsichtiger Sorgfalt auf das heilige Geschäft der Erziehung vorzubereiten, es ist aber auch ein bedeutungsvoller Grund für die Unhaltbarkeit einer Behauptung, die man oft aussprechen hört, dass die mütterliche Erziehung für die Söhne nichts tauge. Diese Behauptung ist unwürdig unsers Geschlechts, und wir müssen ihr überall mit Entschiedenheit entgegentreten.

Die französische Revolution brach herein – die Sonne der neuen Zeit ging auf, zuerst zwar eine blutige Sonne, aber doch eine Sonne! Die zu Boden getretene Menschheit sprang auf und zerriss ihre Ketten. Wo bisher entsittlichte und gebundene Sklaven gewandelt waren, begrüßten sich freie Bürger und Bürgerinnen. Ja Bürgerinnen! Das proklamierte Vernunft-Recht erkannte dem Weibe dasselbe Recht zu wie dem Manne, und aus den Bürgerinnen wurden auch Heldinnen und Rächerinnen! Eine der edelsten unter ihnen, *Charlotte Corday*, ermordete mit eigener Hand nach langer, ruhiger Überlegung und angesichts eines blutigen Henker-

76

todes Marat, den Tyrannen Frankreichs. Sie hoffte, so das Vaterland zu erretten, und bebte deshalb vor nichts zurück. Wir dürfen den Mord nicht gutheißen – aber wir dürfen an diese Zeit, wo eine Welt aus ihren Fugen war, auch nicht die gewöhnlichen Maßstäbe legen, wir dürfen diese Jungfrau nicht verdammen. Nicht ihre Tat sei uns ein Beispiel, aber ein Beispiel sei uns ihre Begeisterung für das blutende Vaterland, ihre Bereitwilligkeit, ihm jedes Opfer zu bringen, auch ihr Leben. Wer weiß, ob nicht bald eine Zeit kommt, wo auch wir solchen Todesmut brauchen können!

Die Republik Frankreich ward die Beute eines Kaisers, der auch Deutschland unterjochte. Endlich aber erhob sich das deutsche Volk. Nun sahen auch die deutschen Frauen nicht müßig zu. Ihr wisst, wie alles kam und wie alles endete. Ich will nicht erst schildern, was ihr zum Teil wohl selbst erlebtet. Die deutschen Frauen waren von der allgemeinen Begeisterung, das Vaterland von der Selbstherrschaft zu befreien, wie die Männer ergriffen und taten, was ihnen zukam – aber wie die Männer *vergaßen sie die erretteten Güter zu wahren*, und so sank Deutschland in Knechtschaft zurück. Dass die jetzige Erhebung nicht wieder endige wie die damalige, lasst auch uns Frauen Wache halten am Altar des Vaterlandes und der Freiheit und das heilige Feuer hüten, damit es nicht wieder verlösche!

ZUR ERMUTIGUNG

Und mögt ihr mich verfolgen und verdammen
Und wollt ihr meines Herzens Schwüre nicht,
Weil ich nur eine schwache Jungfrau bin:
Nicht löschen könnt ihr der Begeist'rung Flammen,
Könnt sie nur schmähen – aber dämpfen nicht.
Und wenn mein Herz im heißen Kampfe bricht,
So bricht's mit Luthers Worten einst zusammen.
»Gott helfe mir! doch anders konnt' ich nicht!«

So rief ich 1847, als es noch sehr still in der Welt war und
ich nicht wusste, ob ich nicht allein stehe mit meiner Begeisterung und meinen Bestrebungen, »zum großen Bau der
Zeiten« – wie unser Schiller sagt – auch selbst »Sandkorn
um Sandkorn« zu tragen, und ich wiederhole es heute nicht
für mich allein, sondern im Namen Tausender von Frauen
und Jungfrauen, von denen ich jetzt weiß, dass sie das gleiche
Verlangen in sich tragen und demgemäß handeln.

Es ist hier nicht der Ort, es zu wiederholen, wie seit 48
unzählige Frauen es bereits durch Wort und Tat bewiesen
haben, dass sie begeistert sind für das Wohl der Menschheit und Mitarbeiterinnen der Männer, die dafür tätig. Diese

Zeitung selbst hat in jeder ihrer Nrn. davon Zeugnis gegeben – und sie bestände gar nicht, wenn es nicht so wäre. Ich wiederhole nicht, was in jeder Nr. zu lesen. Das Gefühl, die Sehnsucht, auch mitzuwirken an der großen Arbeit des Jahrhunderts und bessere, menschlichere Zustände mit heraufführen zu helfen, dafür sich zu mühen im kleinen Kreis oder im großen, je nachdem er erreichbar, lebt in tausend Frauenherzen, und immer ruft es eines dem andern jubelnd zu: »Ich habe erkannt, was uns fehlt, was wir brauchen, ich habe es lange schon gefühlt, dass auch wir Frauen den Blick auf das Allgemeine richten und aus unserer Gesondertheit heraustreten müssen, dass wir andere, höhere Pflichten haben, als allein diejenigen, die man bisher ›weibliche‹ nannte, dass wir nicht nur Frauen sind, sondern Menschen; aber ich schwieg, weil ich meinte, allein zu stehen mit meiner Sehnsucht – und vielleicht war sie darum doch ein Irrtum; aber jetzt weiß ich: Du fühlst wie ich, und Hunderte fühlen wie wir – darum dürfen wir getrost diesem Gefühl uns überlassen und diese Sehnsucht zu befriedigen streben.«

Und wenn es nun so ist, wenn Tausende so empfinden und sprechen, wie kommt es dann, dass im Verhältnis zu diesen immer nur so wenige auch danach handeln? Hören wir die aufrichtige Antwort: Es fehlt ihnen nicht an Erkenntnis, auch nicht an jener hochfliegenden Empfindung, der man gewöhnlich den Namen Begeisterung gibt, die in bewegten Augenblicken sich wie ein Sturmwind emporschwingt, aber im nächsten schon mit gebrochenen Flügeln am Boden kriecht, statt wie die Taube ruhig und sicher auch über der tobenden Sintflut zu schweben. Es fehlt ihnen an jener allein echten und rechten Begeisterung heiliger Überzeugung und

79

inneren Müssens, die einzig standzuhalten vermag im Kampf mit der Welt, mit all den Gefahren, die da ihrer warten, an der Begeisterung, die freudig jedes Opfer bringt – ja, die wie die Liebe kaum eines kennt.

Seien wir uns vollkommen klar darüber: Die Frau, die für das Allgemeine im öffentlichen Leben wirkt, die durch ihr Wirken in weiten Kreisen bekannt und genannt wird, muss ungleich mehr Mut dazu mitbringen als der Mann, und wo es ihm leicht ist, sich Lorbeeren zu pflücken, oder wo er im schlimmsten Fall die geheiligte Dornenkrone des Märtyrers auf stolz emporgehobenem Haupte trägt – hängen an ihre Füße sich giftige Schlingpflanzen und Dornen, und man flicht ihr nicht einmal aus diesen eine Krone, sondern sie drückt sie sich selbst einsam und ungesehen in das weiche, hochschlagende Herz – und die Welt weiß kaum, was sie für sie leidet. (…) Und nun stellt Euch als schüchterne und zartfühlende Frauen einer Partei gegenüber, die mit Verdächtigungen und Verleumdungen, Schimpfen und Spotten sich auf euch wirft und all diese schlechten Waffen nicht in Blut, sondern in Schmutz getaucht und an dem rastlosen Schleifstein der Gemeinheit geschärft hat. (…) Mit der Gemeinheit kämpfen wie mit der Dummheit Götter selbst vergebens, und keine Frau, die ihrer weiblichen Würde sich bewusst ist, wird jemals diesen Kampf versuchen wollen. Die Gemeinheit findet uns wehr- und waffenlos – das würde einen ehrlichen Gegner zum Rückzug nötigen, aber die Frechen macht es nur noch frecher; wo nichts dabei zu wagen ist, da sind sie ja am liebsten, und die Verachtung aller Besseren ist für die, welche längst für alles Edle abgestumpft sind, ja keine Strafe und kein Mittel, sie zurückzuschrecken, sondern nur ein neuer Spaß.

Sollen wir uns wundern, wenn vor solchen Waffen unserer Gegner Tausende von Frauen schon zurückbeben, lieber in ihrer Zurückgezogenheit bleiben oder wieder in dieselbe flüchten, wenn sie jene giftigen Dolche auf sich gezückt sahen? Und wenn sie auch selbst in sich Kraft und Reinheit genug fühlen, ihnen zu trotzen – da sind Eltern, Verwandte und Freunde, die mit ihrer Furcht sie anstecken, sie bitten, nicht dieser Gefahr sich auszusetzen, oder wenn das nicht hilft, zu den Gemeinheiten jener Gegner noch die eigenen Vorwürfe häufen, und jene Lügen zwar nicht glauben, jene Witze nicht billigen – aber die Schuld, dass dies ausgesprochen werden konnte, doch auf die Betroffene wälzen.

Das ist jenes stille *Märtyrertum* der heutigen Demokratinnen, von dem die Welt nichts weiß und das die Männer in seiner ganzen Größe nicht begreifen können. Aber es ist ein Märtyrertum – in diesen Worten liegt auch die Kraft, es zu ertragen. Wofür die Männer kämpfen und streben und alles aufopfern, dafür können auch die Frauen erdulden, was nur Frauen auferlegt werden kann. Lasst nur Eure Begeisterung jene Taube sein, die über der tobenden Sintflut schwebt – und die züngelnden, schlammigen Wellen tun euch nichts.

Das beste Mittel aber, uns und Euch alle mit gegen diese Angriffe der Gemeinheit zu schützen, ist: dass Ihr alle, die Ihr Demokratinnen seid, am Wirken für das Allgemeine Euch beteiligt – denn nur was einzelne tun, ist dem Spotte preisgegeben, wenn aber viel Tausende dasselbe tun, so hören die Ausnahmen auf, und es wird Regel und Brauch daraus. Das ist der große Schild, der all jene giftigen Pfeile so sehr zu Schanden macht, dass alsbald niemand mehr die Lust hat, sie abzudrücken.

§ 12. DES ENTWURFS EINES PRESSGESETZES FÜR DAS KÖNIGREICH SACHSEN

Dieser § lautet wörtlich: »Die verantwortliche Redaktion einer Zeitschrift dürfen nur solche, im Königreich Sachsen wohnhafte männliche Personen übernehmen oder fortführen, welche die zur Stimmberechtigung bei den Landtagswahlen mit Ausnahme resp. der Ansässigkeit und des Zensus erforderlichen Eigenschaften besitzen. – Diejenigen Mitredakteure, welche zwar keine Verantwortung haben, aber in ihrer Eigenschaft als Mitredakteure auf der betreffenden Zeitschrift namentlich mit genannt werden sollen, müssen sich ebenfalls im Besitz dieser Eigenschaften befinden.«

Das ist einfach und verständlich.

Während in unzähligen Gesetzen im Allgemeinen von »Personen« oder »Staatsangehörigen« oder gar »Untertanen« die Rede ist und es nun meist dem Brauch und Herkommen überlassen bleibt, ob darunter nur Männer zu verstehen sind oder auch Frauen mit, enthebt uns der vorstehende Paragraf jeder weiteren Frage; es ist hier ausdrücklich von »männlichen Personen« die Rede. Wir loben diese Bestimmtheit und wünschten nur, dass sie sich in allen anderen Gesetzen fände. Denn wir machen uns niemals Illusionen oder verschließen die Augen gegen den Anblick von Tatsachen. Wir wissen, dass die Gleichheit von Männern und Frauen vor dem Gesetz bis jetzt noch nicht existiert, was man auch davon fabeln möge, wir wissen, dass die Gesetze, welche im Allgemeinen von »Staatsbürgern« handeln, höchst willkürliche Auslegungen finden in Bezug auf die Staatsbürgerinnen, dass diese in dem einen Fall als solche anerkannt werden und mitzählen, im andern hingegen als gar nicht existierend betrachtet werden, und dies alles infolge einer schweigenden Übereinkunft. Ein einziges Beispiel für so Allbekanntes genügt. Wenn es in den Grundrechten hieß: »Jeder Staatsangehörige ist Wähler«, so waren mittelst einer schweigenden Übereinkunft hier unter dem Begriff »Staatsangehörige« die Frauen nicht mitverstanden, während in dem Satz: »Jeder Staatsangehörige ist steuerpflichtig«, die Frauen mit einbegriffen sind und bleiben.

Diese willkürlichen Auslegungen weiß der sächsische Preßgesetz-Entwurf von sich fernzuhalten. Hier ist es mit Bestimmtheit gesagt, dass nur »männliche Personen« Redaktionen von Zeitschriften übernehmen und fortführen dürfen. Das ist mindestens deutlich.

Die Frauen sind somit von der Führung von Redaktionen ausgeschlossen, ja, sie dürfen nicht einmal sich als unverantwortliche Nebenpersonen bei einer Redaktion mit beteiligen, wie das weiter in dem Paragrafen klar ausgesprochen ist.

Diese neue Unmündigkeitserklärung der Frauen ist abgegeben worden von Gesetzgebern desselben Landes, in welchem fast zuerst in Deutschland vor nur beinahe zwanzig Jahren die Frauen als mündig erklärt worden sind, indem ein

Gesetz die Geschlechts-Vormundschaft aufhob. Dies war ein Ruhm für Sachsens Regierung nicht minder als für die sächsischen Frauen – wer hätte gedacht, dass wir im Jahre 1850 das Gegenteil davon erleben müssten? Damals war auf dem Landtag diese Mündigkeitserklärung der Frauen Gegenstand einer lebhaften und glorreichen Verhandlung, jene ziemlich zwanzig Jahr später, aber von einer nach demselben Wahlgesetz erwählten Versammlung erfolgte Unmündigkeitserklärung der Frauen ward schweigend angenommen und ausgesprochen, wie etwas, das sich von selbst versteht. Niemand hat nur ein Wort über die ganze Sache erhoben, sie ward abgetan, wie etwas, das gar nicht anders sein kann.

Oder wäre es keine Unmündigkeitserklärung, wenn man jetzt auf einmal nur Männern ein Recht zugesteht, welches von Frauen immer unangefochten geübt worden, wenn man den Frauen durch ein solches Gesetz sagt, dass sie nicht fähig oder würdig sind für einen Beruf, der ihnen bisher noch niemals und nirgends streitig gemacht worden ist?

Es ist hier weder Ort noch Zeit, sich über den vorliegenden Preßgesetz-Entwurf weiter auszusprechen – die ganze Strenge desselben konnten wir erwarten nach all den Erfahrungen, die wir in dem letzten Jahr gemacht, dass man aber wie in § 12. geschieht, bei so begrenzten Bestimmungen der Eigenschaften, die zu einem Redakteur und Mitredakteur erfordert werden, auch noch den besonderen Unterschied von Männern und Frauen macht, hat uns in der Tat verwundert, und zwar ganz einfach nur deswegen, weil so etwas noch nicht dagewesen.

Sachsen, das die Geschlechtsvormundschaft zuerst abschaffte, ist der erste, vielleicht einzige Staat, welcher jetzt

84

den Frauen ein Recht entzieht, das ihnen noch niemals verweigert ward. In den alten, vormärzlichen Zeiten, wo man Konzessionen brauchte zur Herausgabe einer Zeitschrift, redigierte Louise Marezoll zu Leipzig jahrelang den »Frauenspiegel«[17], während noch viel früher das Stuttgarter »Morgenblatt« (...) unter weiblicher Redaktion war. Der vielen anderen Frauen nicht zu gedenken, welche noch in den letzten Jahren Zeitschriften redigierten, z.B. Luise Dittmar[18], Johanna Kinkel[19] usw. – Dass man auf einmal den Frauen die Fähigkeit sollte absprechen wollen für etwas, das sie immer so geübt, dass diejenigen, die es anging, d.h. das Publikum, damit zufrieden waren – denn sonst hätten diese Blätter unter weiblicher Redaktion ja am Abonnenten-Mangel sterben müssen, so gut wie andere –, das können wir kaum glauben; und in diesem Punkt sind wir beruhigt, denn die Bestimmungen über Redaktionen im vorliegenden Preßgesetz sind (...) der Art, dass ein gewöhnlicher Handwerker, der weiter nichts gelernt hat, als was sein Fach erheischt, denselben viel eher genügen kann, als ein Gelehrter, der alle Philosophen im Kopf hat – es kommt alles nur auf die Zufälligkeiten der äußern Existenz an.

17 Der »Frauenspiegel« war eine Vierteljahreszeitschrift, die von 1840 bis 1844 erschien.
18 Luise Dittmar, Frühsozialistin und Frauenrechtlerin, gründete 1849 die Zeitschrift »Die sociale Reform«, die jedoch nach wenigen Ausgaben wieder eingestellt wurde (siehe den hier aufgenommenen Artikel »Bücherschau«).
19 Johanna Kinkel, eine Komponistin und Schriftstellerin, übernahm von ihrem Ehemann Gottfried Kinkel die Redaktion der »Neuen Bonner Zeitung«, als dieser 1848/49 zunächst als Abgeordneter nach Berlin ging – und kurz darauf an der badischen Revolution teilnahm.

In gegenwärtiger Zeit stehen die Sachen so, dass die Entziehung eines bürgerlichen Rechtes noch keine Erniedrigung, noch kein Armutszeugnis ist – aber zu beklagen ist es immer.

Wenn das sächsische Preßgesetz den Frauen verbietet, Redaktionen zu führen und sich überhaupt dabei näher zu beteiligen, so wird mit diesem Recht, das sie bisher besaßen, ihnen auch – wie fast mit jedem Recht – noch ein »Recht auf Arbeit« mehr entzogen, womit es bei ihnen im Vergleich mit den Männern ohnehin schlecht genug steht, Und wenn alle jene, welche in ihren Erwerbsinteressen durch das neue Preßgesetz gestört und gehemmt werden, sich darüber beklagen, wie z.B. die Kommissionsbuchhändler, die Buchdrucker, die Verleger von Provinzial-Blättern usw. getan, so haben wahrscheinlich die Frauen nicht viel weniger Grund dazu.

Jene Bestimmung des § 12., die »männlichen Personen« betreffend, ist allen so unerwartet gekommen, dass sie darüber fast von den meisten Lesern des Preßgesetz-Entwurfes ganz übersehen worden ist – man hat schnell darüber hinweggelesen und gar nicht gefühlt, welche Beleidigung und Zurücksetzung eines ganzen Geschlechts in dieser Bestimmung liegt. Erst den Betroffenen wird sie fühlbar werden. Die Betroffenen werden aber nicht nur die wenigen Frauen sein, die eine Redaktion führen oder führen möchten, sondern die vielen, Männer und Frauen, welche eine Zeitschrift lasen, die von keiner »männlichen Person« redigiert ward, und welche für die Rechte der Frauen mitkämpfend oder sie wenigstens selbst anerkennend nur erst plötzlich gewahr werden, wie sehr hinter ihren Träumen, Wünschen und Hoffnungen von allgemeinen Menschenrechten man in einem Staate zurück ist, in dem man solchen Tatsachen begegnet.

ABSCHIEDSWORT

Vor ziemlich zwei Jahren war es, als ich diese Zeitung gründete und im Programm derselben schrieb: »Die Geschichte aller Zeiten und die heutige ganz besonders lehrt: dass diejenigen auch vergessen wurden, welche an sich selbst zu denken vergaßen.«

»Wohlauf, meine Schwestern, vereinigt euch mit mir, damit wir nicht zurückbleiben, wo alle und alles um uns und neben uns vorwärtsdrängt und kämpft. Wir wollen auch unser Teil fordern und verdienen an der großen Welt-Erlösung, welche der ganzen Menschheit, deren eine Hälfte wir sind, endlich werden muss.«

»Wir wollen unser Teil fordern: das Recht, das Rein-Menschliche, in uns in freier Entwickelung aller unserer Kräfte auszubilden und das Recht der Mündigkeit und Selbstständigkeit im Staat.«

»Wir wollen unser Teil verdienen: Wir wollen unsere Kräfte aufbieten, das Werk der Welt-Erlösung zu fördern, zunächst dadurch, dass wir den großen Gedanken der Zukunft: Freiheit und Humanität (was im Grunde zwei gleichbedeutende Worte sind) auszubreiten suchen in allen Kreisen, welche uns zugänglich sind, in den Weiten des größeren Lebens durch die Presse, in den engeren der Familie durch Beispiel, Belehrung und Erziehung. Wir wollen unser Teil aber auch dadurch verdienen, dass wir nicht vereinzelt streben, nur jede für sich, sondern vielmehr jede für alle; und dass wir vor allem derer zumeist uns annehmen, welche in Armut, Elend und Unwissenheit vergessen und vernachlässigt schmachten.«

Zwei Jahrgänge dieser Zeitung liegen dem Publikum zur Beurteilung vor. Es wird ihr das Zeugnis geben müssen, treu an diesem Programm festgehalten zu haben, und die stets wachsende Teilnahme, welche dieselbe durch Abonnenten und Mitarbeiter-Kräfte fand, und zwar fand unter den ungünstigsten Verhältnissen, welche eine demokratische Zeitschrift nur haben konnte (das sächsische Blatt begann im April 1849, die dritte Nr. erschien unterm Belagerungszustand), wird es selbstredend bestätigen, dass dies Programm nicht vergebens geschrieben ward.

Es ist nicht Eitelkeit und Selbstlob: Es ist die Freudigkeit der Erfahrung zweier Jahre, mit der ich heute sagen darf: Die Frauen-Zeitung hat gehalten, was sie versprochen; was sie beabsichtigt und gewollt, hat sie erreicht und bezweckt. Sie hat »dem Reich der Freiheit Bürgerinnen geworben«, sie hat unzählige Frauen aufgeweckt aus ihrem Halbschlummer und angeregt, »ihr Teil zu fordern«, und noch mehr, »ihr Teil zu verdienen«, sie hat vor allem es dahin gebracht, dass nicht mehr nur »jede für sich« strebte, sondern vielmehr »jede für alle«; sie hat es auch dahin gebracht, »dass diejenigen, die nicht vergaßen, an sich selbst zu denken, auch nicht vergessen worden sind«. Die Erfahrungen der letzten Zeit und das neue Preßgesetz selbst bestätigen dies.

Weit entfernt von der allgemeinen Ausdrucksweise anderer Gesetze, hebt es § 12. des Preßgesetzes besonders hervor, dass nur »männliche Personen« Redaktionen von Zeitschriften führen dürfen. Es ist also kein Zweifel, dass man an die Frauen diesmal nicht zu denken vergessen hat. Insofern haben wir durch unsere Bestrebungen der letzten Jahre es wirklich dahin gebracht, dass man Rücksichten auf die Frauen nimmt, wie sie früher niemals genommen worden sind. – Als wir vor zwei Jahren unser Programm versendeten, dachten wir freilich bei jener Stelle nur an die Austeilung von Rechten an alle Staatsangehörige, wobei wir nicht vergessen sein wollten; wie jetzt die Sachen stehen, handelt es sich im Gegensatz um Entziehung von Rechten, und von unserem Standpunkt aus ist es jetzt nicht minder ehrenvoll für uns: auch dabei nicht vergessen worden zu sein, als es bei den früheren Verhältnissen, im umgekehrten Fall, das Gleiche gewesen wäre.

Ich bin hier zur Anführung des Grundes gekommen, aus dem ich die Frauen-Zeitung eingehen lassen und heute dies Abschiedswort schreiben muss.

Er ist enthalten in § 12. des Preßgesetz-Entwurfes: »Die verantwortliche Redaktion einer Zeitschrift dürfen nur solche im Königreich Sachsen wohnhafte männliche Personen führen«. Die übrigen Bedingungen der Redaktionsübernahme sind nicht nötig zu wiederholen, diese eine erklärt die Unmöglichkeit des längeren Bestehens einer »Frauen-Zeitung«, da auch »bei der Mitredaktion beteiligte Personen dieselben Eigenschaften haben müssen«. Alle den anderen nachfolgenden Bedingungen zur Fortführung der Redaktion würde ich haben genügen können, auch die Stellung der Kaution würde uns kein Hindernis gewesen sein – aber Frauen sind ein- für allemal nicht mehr zu einer Redaktion zulässig, und so bleibt mir nichts übrig, als samt der Frauen-Zeitung Abschied zu nehmen von ihren Lesern und Leserinnen.

Es fällt mir nicht ein, den Einflüsterungen klügelnder Schmeichler zu glauben, welche mir einreden wollen, man habe (weil eben noch nirgends und durch kein anderes deutsches Preßgesetz den Frauen die Führung von Redaktionen verboten worden) in dem betreffenden sächsischen Preßgesetz-Entwurf auf mich speziell Rücksicht genommen – allein ich kann nicht umhin, darin eine Anerkennung des Wirkens der »Frauen-Zeitung« zu finden, denn ehe sie bestand und ehe die Frauen selbst sich fühlen lernten als Frauen eines Volkes und sich berufen fühlten, seiner Sache zu dienen mit gleicher Begeisterung wie die Männer, wenn auch in anderer Weise, hätte allerdings so leicht kein Gesetz »zur Zügelung und gegen den Missbrauch der Presse« es berücksichtigt, dass diese Schutzwehr auch mit gegen die Frauen aufzurichten sei.

Scheinbar nur in die alte Unmündigkeit zurückgeworfen, sind die Frauen nie für mündiger in den Dingen des Staats erklärt worden als durch diesen Gesetzesparagrafen. Sie werden an Selbstbewusstsein und Selbstvertrauen gewinnen, was man ihnen jetzt durch Entziehung eines Rechts geraubt hat.

Noch zwar ist jener Preßgesetz-Entwurf nicht als Gesetz publiziert, aber wir haben dies jedenfalls in kürzester Frist zu erwarten, und so hielten wir es für unangemessen, erst ein neues Quartal zu beginnen. Vielleicht aber kann man fragen:

90

Warum, wenn ich auch gezwungen bin, von der Redaktion zurückzutreten, die »Frauen-Zeitung« nicht dennoch forterscheine unter einem zulässigen Redakteur?

Ich bin gewiss, dass wenigstens die Frauen nicht so fragen werden, welche von der Tendenz und den leitenden Prinzipien der »Frauen-Zeitung« durchdrungen sind. Wir wollten und wollen unser Recht uns selbst verschaffen und verdienen – und wir weichen lieber der Gewalt, als dass wir als unmündige Kinder unsere Zuflucht zu einem Schirmherrn nehmen, dessen wir nicht mehr bedürfen. Wir unterwerfen uns freiwillig keinen Oktroyierungen. Wissen wir nun doch, dass die Ideen, welchen unsere Zeitung das Wort geredet, nicht getötet werden können, wie dies arme Blatt – das ja auch selbst, wenn es heute stirbt, vielleicht nicht allzu lange seiner Auferstehung entgegen zu schlummern hat.

Dennoch, obwohl ich diese freudige Gewissheit mit mir nehme, und obwohl ich in diesem augenblicklichen Untergang der Frauen-Zeitung keinen Untergang sehe für die Prinzipien, denen sie diente, kann ich nicht ohne Wehmut, ja, sogar nicht ohne Schmerz dies Abschiedswort schreiben, und darum gestatte man mir, dass ich so lange dabei verweile, wie man Abschied nimmt von einem treuen Gefährten und zugleich, wie von ihm, aus einem ganzen großen lieb gewordenen Kreis scheidet.

Als ich die Zeitung begann, zweifelten viele an dem Gelingen des Unternehmens und andere daran, dass es wirklich ein Bedürfnis sei. Die Zweifel beider haben durch die gemachten Erfahrungen verstummen müssen. Wir begannen zu einer Zeit, wo die Verhältnisse für die demokratische Presse immer ungünstiger wurden, aber wir haben ihnen standgehalten, wir haben unserer Sache Opfer gebracht, aber andere mit uns haben dies auch getan, und wir danken allen, welche unsere Bestrebungen und unsern redlichen Willen unterstützten. Wie sehr aber eine Zeitung wie diese ein Bedürfnis war, dafür bürgt die weite Verbreitung, welche sie erhielt, dafür bürgen unzählige Briefe begeisterter Frauen von nah und fern, die ihre Zustimmung, ihre Freude zu erkennen gaben, dass endlich ein Organ geschaffen sei für ihre Interessen, ein Organ, welches mit ihren höheren Angelegenheiten sich beschäftigte und zugleich ein Band der Vereinigung webe für die gleichen und bisher doch vereinzelten Elemente. Viele unserer besten Schriftsteller und Schriftstellerinnen wendeten ihre Tätigkeit dem Blatte zu und bewiesen durch diese Unterstützung des Unternehmens, wie zeitgemäß dasselbe sei. (...) Korrespondenten und Korrespondentinnen, und zwar in den gesperrt gedruckten Städten regelmäßige, hatten wir in Altenburg, Aarau, Altona, Breslau, Berlin, Braunschweig, böhmische Grenze, Coburg, Chemnitz, Dresden, Erzgebirge, Freiberg, Großstrelitz, Hamburg, Hirschberg, Hanau, Kiel, Königsberg, Leipzig, Lausitz, Mecklenburg, Mainz, Meißen, Marggrabowo, Nancy, New-York, Provinz Preußen, Plauen, Oberschlesien, Rastatt, vom Rhein, Ravendsberg, Straßburg, Schleswig, Wien, Voigtland, Zürich u.a.

Zu scheiden aus diesem Kreis, dessen Mittelpunkt ich bis jetzt war, auseinanderfallen zu sehen, was nicht ohne Müh' geeinigt worden, aufzugeben eine Arbeit, die ziemlich zwei Jahre lang mein größtes Glück war und deren befriedigende Resultate, wo es sich um die Verbreitung und weitere Entwickelung unserer Tendenzen handelte, mich für

92

vieles Trübe entschädigen, was diese traurige Zeit uns allen bietet – ich fühle es heute, wie schwer dies ist. Ich werde aus diesem teuren Kreis meiner Mitarbeiter und Mitarbeiterinnen, Leser und Leserinnen scheiden, aus diesem bewegten Leben der Journalistik zurückkehren in die stumme Einsamkeit, und man wird wenig von mir hören, vielleicht mich vergessen. Aber ich nehme den Trost mit mir, dass ich nach Kräften das beste gewollt und erstrebt und dass der Samen, welchen die »Frauen-Zeitung« ringsum ausgestreut, nicht überall auf dürres Land gefallen ist und aufgehen, keimen und fortblühen wird, wenn die Hand, die ihn streute, auch vergessen ist und keinen neuen hinzufügen kann. Und ich nehme noch etwas mehr mit als diesen Trost: die Hoffnung, dass die Frauen-Zeitung heute nicht für immer begraben wird.

Ich betrachte das heutige Aufhören dieser Zeitschrift eigentlich mehr nur als eine Suspensation. Es ist jetzt in Deutschland, in Sachsen ja beinah alles suspendiert. Warum nicht auch die Frauen-Zeitung? Es werden wieder andere, menschlichere Zeiten kommen, wo diese Suspensierungen aufhören, auch die der Preßfreiheit – dann werden wir wieder an unserem Platz sein. Dann wird die »Frauen-Zeitung« wieder erstehen mit neuer Kraft in dem alten Geiste – und dann wird er nicht mehr gehemmt sein durch Verordnungen, Verbote, Verwarnungen und Konfiskationen, dann werden wir wieder frei sprechen und schreiben dürfen, und wie man jetzt ein Recht uns weigert, das bisher noch niemals in Frage kam, wird man dann keines mehr uns weigern von alle den Rechten, die jetzt vielleicht noch in Frage sind. – Bis dahin, deutsche Schwestern, wollen wir in der

93

Stille wirken im Dienst der Freiheit, der allgemeinen, und darum auch der unseren, wir wollen ihr Bürgerinnen werben im Haus, in der Familie, wir werden es noch überall vermögen, wenn es auch durch die Presse nicht mehr wie vordem geschehen kann. Und wenn dann die Stunde der Erlösung kommt, auf die wir alle warten, so werden wir derselben besser dienen können und würdiger auf sie vorbereitet sein, als wie es vor Jahren der Fall war.

Bis dahin, lebet wohl – auf Wiedersehen!
Die Redaktion

DAS RECHT DER FRAUEN AUF ERWERB. BLICKE AUF DAS FRAUENLEBEN DER GEGENWART

I. Der Beruf der Frauen
Die Braut. Gattin. Mutter. Die Witwen. Die Ehelosen. – Liebe und Leben.

Der Beruf der Frauen! Welche lieblichen Bilder entfaltet man vor uns, wenn diese Worte ausgesprochen werden! Da steht sie die weiß gekleidete Braut, mit dem grünen blühenden Myrtenkranz und dem wallenden Schleier im schön geordneten Haar, da steht sie an der Seite des Bräutigams, umringt von ihren Gespielinnen, gesegnet von einem zweifachen Elternpaar, der Mittelpunkt des fröhlichen Hochzeitfestes. Alles hat nur Augen für sie, alles ist nur darauf bedacht, sie zu beschenken, zu verherrlichen, ihr zu dienen – sie ist die Königin des Festes; diese Blumen, diese Girlanden, diese Gesänge, sie gelten ihr. Der Bräutigam, im vorschriftsmäßigen schwarzen, unpoetischen Anzug, verliert sich fast daneben – er spielt gewissermaßen die zweite Rolle. Aber alle die Aufmerksamkeiten, die man seiner Braut widmet, alle die Beweise der Freundschaft und Verwandtenzärtlichkeit, welche diese empfängt, sagen ihm ja, welch' ein Kleinod er erworben.

Und ist nicht jenes Bild dem ersten an Reiz zu vergleichen, wenn die junge Frau im einfachen, aber zierlichen Hauskleid in den Räumen waltet, die nun ihre Häuslichkeit bilden? Alles, was sie umgibt, ist neu und modisch, nur eben frisch aus den Werkstätten der Industrie und des Handwerks hervorgegangen. Und nicht die Zimmer allein, versehen mit all' dem Schmuck, den die Hand der Liebe und der Kunst gespendet, sind mit reizenden Schmuckkästchen zu vergleichen: Selbst die Küche steht nicht nach an Nettigkeit und Sauberkeit. Da ist an dem einfachen Holzgerät noch kein Fleckchen zu entdecken, da funkeln und blitzen noch alle Blechgefäße in ihrem natürlichen Stahlglanz oder im bunten Lack, und Herd und Kochmaschine mit porzellanartigen Fliesen tragen keine Spuren von Rauch und Ruß. Wie wohl steht es der jungen Hausfrau, wenn sie hier ab- und zugeht und sich keine Ruhe gönnt, bis sie weiß: das Lieblingsgericht ihres Mannes ist nun so gelungen, dass er sagen wird: Es habe ihm nie, auch nicht in dem größten Hotel so gut geschmeckt! Und wenn er nun heimkommt aus seinem Geschäft, von seinem Beruf, und das wirklich sagt, wenn er allein mit ihr an dem Tisch sitzt, den sie selbst gedeckt, wenn er die Hand küsst, die vielleicht um seinetwillen sich ein bisschen verbrannte, und wenn er dann nach dem Mittagsmahl ein Stündchen in ihren Armen auf dem Sofa ruht von den Anstrengungen, vielleicht Widerwärtigkeiten seines Berufes, die nicht hierher in dies stille Asyl seiner Liebe dringen dürfen – wie reich belohnt ist dann die liebende Gattin, in welchem rosenfarbenen Licht erscheint ihr dann ihr Geschick, was sind all' ihre Mädchenfreuden gegen diese Momente süßester Genugtuung!

96

Aber es gibt noch ein reicheres Bild des Frauenlebens: Es ist die Mutter im Kreise ihrer Kinder. Mag sie das jüngst geborene Kind auf dem Arm tragen oder es in der Wiege zum Schlummer singen, mag sie ihren größeren Kindern Märchen erzählen oder die älteren bei ihren Schularbeiten beaufsichtigen, ja, mag sie selbst an ihren Krankenbetten wachen und beten: Es ist ein Bild, welches das Weib in seiner natürlichen Glorie, in seiner Unentbehrlichkeit zeigt.

Und schön ist auch noch das Los der alten Frau, wenn sie an der Seite des mit ihr alt gewordenen Gatten noch immer freudig und rüstig waltend die erste Vorsteherin des Hauses ist. Schön auch noch dann, wenn es wieder leer und still geworden in den einst durch blühende Kinder belebten Räumen, weil jene nun längst selbst ihren eigenen Herd sich gegründet haben. Aber Festtage gibt es, wo sich die Kinder mit den lieben Enkeln wieder im alten Elternhaus versammeln, alle Kindererinnerungen wieder aufgefrischt werden und alle durch ihr Tun und Treiben bekunden: Der Vater ist das Haupt der Familie, aber die Mutter ist das Herz derselben. (...).

Heil den Frauen, die all' das erlebten, denen ein solcher Beruf zu Teil ward und die es verstanden ihn auszufüllen!

Das, was wir da schilderten, ist der schönste und gewissermaßen leichteste, weil von der Hand der Natur selbst einfach vorgezeichnete *Beruf der Frauen* – dass man es aber als den *einzigen* derselben hinstellt, ist einerseits eine Verwirrung der Begriffe überhaupt und steht andererseits im grellen Widerspruch mit allen Verhältnissen, wie sie im Laufe der Zeit sich herausgebildet haben. Die Begriffsverwirrung liegt schon einfach darin, dass nicht etwas, was von der Zufälligkeit des Geschickes abhängt, Beruf und Bestimmung des Menschen sein kann. Es ist eine allbekannte Tatsache, dass schon im Kindesalter mehr Knaben als Mädchen sterben und ebenso, dass mehr Frauen als Männer ein hohes Alter erreichen. Daraus allein geht schon hervor, dass nicht jedes Mädchen sich verheiraten kann – außerdem, dass noch die statistischen Tabellen aller Länder nachweisen, dass sich die Ehen vermindern, dass viele Männer gar nicht heiraten und dadurch noch viel mehr Mädchen sich genötigt sehen, auf das Glück der Ehe und der Erfüllung jedes damit zusammenhängenden weiblichen Berufs zu verzichten, als schon bisher der Fall war. Und das Mädchen, das durch sein Geschick sich ausgeschlossen sieht von dem natürlichsten und darum befriedigendsten Glück des Lebens, das will man auch noch mit dem Vorwurf, mindestens mit dem Bewusstsein belasten, seine Bestimmung verfehlt zu haben, und will es doppelt unglücklich machen, indem man ihm den Glauben an sich selbst nimmt, den Glauben noch eine andere Bestimmung zu haben als die physische, noch einen anderen Wirkungskreis als den, der nur um den einen Mann sich dreht.

Und dennoch denken unzählige Eltern nur daran, ihre Mädchen für einen Beruf zu erziehen, den diese möglicherweise ganz »verfehlen«. Sie haben immer nur eine künftige Ehe im Auge, und da mit dieser die Leitung eines Hauswesens und die Mutterschaft und Kindererziehung meist zusammenhängt, so glauben viele ihr Bestes zu tun, wenn sie die Aufmerksamkeit ihrer Töchter auf diese Punkte lenken. Noch einmal sei es wiederholt: Auch wir halten die Ehe, d. h. nur eine rechte, zu wahrhaft gegenseitiger Ergänzung geschlossene, für das höchste Gut des Lebens und für denjenigen Zustand, in dem alle schönsten Anlagen des Gemütes sich am segensreichsten entwickeln lassen; aber wir finden eben darum in der Ehe eine für beide Teile ganz gleiche menschliche, keineswegs nur eine spezifisch weibliche Bestimmung, und so nötig es ist, ein Mädchen über die Pflichten zu belehren, die sie in der Ehe übernimmt, so nötig wäre dies auch bei dem Manne. Wenn es der Beruf der Frau ist, wie wir vorhin sagten, das Herz einer Familie und der des Mannes, das Haupt derselben zu sein, so liegt eben der gemeinsame, natürlichste Beruf Beider darin, die Familie vereint zu begründen und zu erhalten. Damit übernehmen und lösen Beide eine heilige Aufgabe und wenn darin auch der Frau durch alles, was mit der Mutterschaft zusammenhängt, die schwerere zu Teil wird, so ist doch der Mann nicht minder als sie für das Glück und moralische Gedeihen der Familie verantwortlich zu machen. (…) Es wäre also ebenso nötig, auch der Mann bereitete sich auf die Pflichten vor, die er einer Frau und seinen Kindern gegenüber übernimmt, wie das Mädchen, und es wäre dann noch viel berechtigter, dem ledig bleibenden Mann vorzuwerfen, dass er eine seiner Lebensaufgaben nicht erfülle, wie dem ledig bleibenden Mädchen, denn bei dem Mann ist jenes eine Sache der freien Wahl und bei diesem nur zu oft Sache des Geschickes.

Aber wie man nicht den Mann, der ohne Lebensgefährtin bleibt, der keine Familie gründet, deshalb als unnützes Mitglied der menschlichen Gesellschaft betrachtet, da er ja doch einen Wirkungskreis hat, ein nützliches Mitglied des Staates und im Grunde für das, was er tut, Niemandem verantwortlich ist, als sich selbst – so muss auch für Mädchen das gleiche Recht in Anspruch genommen werden. Auch für die Mädchen, welche ledig bleiben wollen oder müssen, ist die gleiche Achtung zu beanspruchen. Auch sie müssen sich einen Wirkungskreis suchen können, der ihrem Leben einen Inhalt gibt, ihre Existenz sichert und sie zu nützlichen Mitgliedern der menschlichen Gesellschaft macht (...).

Man muss daher aufhören, jene reizenden Bilder des Frauenlebens, die wir vorhin aufrollten, der jungen Mädchenwelt als dasjenige zu zeigen, was ihrer in der Zukunft warte und worauf sie sich allein vorzubereiten hätten, man muss ihnen nicht mehr sagen, dass sie nur dazu auf der Welt wären, einem Mann zu gefallen und ihn zu fesseln, Hausfrauen und Mütter zu werden, sondern man muss ihnen zeigen, dass auch sie sich Selbstständigkeit und einen nützlichen Wirkungskreis erringen können, dass auch sie nicht nötig haben, über ein verlorenes Leben zu klagen, wenn ihnen das Glück der Ehe nicht zu Teil wird.

Denn zu den schönen Lichtbildern von vorhin gibt das Leben selbst oft nur zu traurige Nachtstücke!

Wie viele von den schöngeschmückten Bräuten, die beneidet und gefeiert zum Altar gehen, lächeln nur darum, weil sie besorgen, dass, wenn sie einmal einer Träne freien Lauf ließen, würden zu viele folgen und der Schmerz sie überwältigen! Hunderte von Mädchen tun ja diesen Schritt zum Altar nur deshalb, weil man ihnen stets vorgeredet hat, dass es ihre Bestimmung sei, zu heiraten, und da der Bewerber ein Ehrenmann ist oder doch wenigstens dafür gilt, so gibt ihm das Mädchen ihre Hand, wenn auch das Herz widerstrebt: Denn es könnte ja sein, es käme kein zweiter Bewerber wieder, und wenn sie dann »sitzen bliebe«, wie der landesübliche Ausdruck lautet, das wäre ja eine Schmach, noch mehr, es wäre ja ein verfehltes Leben.

Andere wieder tun den Schritt zum Altar eben gedankenlos, nur weil es einmal so der Lauf der Welt ist. Gerade so, wie sie auf den ersten Ball gingen, so gehen sie in die Ehe. Es ist ja, nachdem einige Jahre einer harmlosen Mädchenzeit glücklich vertändelt und vertanzt sind, nachgerade auch langweilig, sich nur mit Balltoiletten zu beschäftigen! Diese und jene der Jugendgespielinnen hat schon einen Bräutigam, einen Mann, jene reizenden Bilder des Brautstandes, der Hochzeit, des ersten Eheglückes haben sich in der Nähe betrachten lassen – und nun freut sich das Mädchen, sobald ein Bewerber kommt, der ihr das Gleiche bietet. Wie schmeichelt es doch der Eitelkeit, als Braut betrachtet und begrüßt zu werden, wie viel interessanter ist es doch, den Brautstaat, als den Ballstaat zu besorgen, sich mit der Ausstattung eines neuen Hauswesens zu beschäftigen! Auch dies ist das Motiv unzähliger Heiraten – und die Mädchen, die so denken, gelten noch nicht einmal als leichtsinnig, ein solches Beginnen oberflächlicher Geschöpfe wird nur naiv gefunden, ja, man gönnt ihnen dies kurze Vergnügen gern, weil man weiß: Der Ernst des Lebens wird doch noch zeitig genug an sie herantreten! (...)

Aber eine noch größere Zahl von Ehen wird nur geschlossen, weil die Eltern des Mädchens froh sind, ihre Tochter »versorgt« zu sehen oder sie überhaupt »los« zu werden. Wie viele Eltern sind denn im Stande, mehrere großgewordene Töchter »standesgemäß«, d. h. im süßen Nichtstun oder doch in einer nichts einbringenden Geschäftigkeit und mit dem immer mehr sich steigernden Luxus gleichmäßig wachsenden Toilettenbedürfnissen zu erhalten? Darum wird es für wünschenswert und notwendig befunden, dass ihnen so bald wie möglich ein Mann diese Sorge abnimmt. Das Mädchen selbst fühlt sich überflüssig im Hause geworden, es fühlt, dass es den Ihrigen eine Last ist, ja, noch mehr, es denkt mit Angst daran, was die Mutter beginnen wird, wenn der Vater, der Versorger stirbt, was dann aus der ganzen Familie werden soll? Und ratlos einem solchen Verhängnis gegenüber, nimmt sie die dargebotene Hand eines Mannes an, der ihr vielleicht gleichgültig, vielleicht widerwärtig ist, der aber ihr selbst, vielleicht auch den Ihrigen, wenn die Tage der Not kommen, eine Stütze sein wird! So bringt sie mit Bewusstsein sich selbst und ihr ganzes Leben als eine gehorsame und zärtliche Tochter den Wünschen der Ihrigen und den Verhältnissen zum Opfer. Und auch oft genug tut selbst das alleinstehende Mädchen, das vielleicht eine unglückliche Liebe im Herzen trägt, dasselbe, hält es für Pflicht, für Bestimmung, die Hand anzunehmen, die sich ihr reichen will, und schließt eine sogenannte Vernunftheirat ebenfalls nur, um versorgt zu sein, um sich vor Mangel zu schützen, oder auch um einen Lebenszweck zu haben.

Ja, als sich Opfernde und Geopferte schreiten alle diese durch Erziehung und falsche Lebensanschauungen Verblendeten, in falsche Lebensstellungen Gedrängten zum Altar – als Törinnen, Lügnerinnen und Heuchlerinnen sprechen sie das Jawort der Trauung wie der Verlobung –, denken wohl Wunder noch, damit eine gute, vernünftige, ja eine heroische Tat zu vollbringen, dass sie etwas tun wider die Stimme ihres Herzens, wider den Gott in ihrer Brust und wider alle Sittlichkeit; dass sie im Stande sind, solche Verstellung zu üben, so über sich und den Zustand ihres eigenen Herzens selbst den Mann zu täuschen, der dieses Herz verlangt.

Wahrlich, man muss in diesem Falle viel mehr als die Mädchen die Männer bedauern, mit denen solches Spiel voll Lüge und kaltberechnender Unnatur getrieben wird; wo jene sich selbst zu opfern meinen, da werden diese auch geopfert. Ein Verbrechen, das man nicht allein an sich selbst, sondern an einem anderen Wesen mitbegeht, ist ja ein doppelt und dreifach schweres.

Und was sind die Folgen solcher Opferungen?

Gleicht die Braut, die ohne Liebe zum Altar tritt, nicht jenen unglücklichen Geschöpfen, die in einer barbarischen Zeit zur Folter geführt wurden? Sie schaudert vor dem, was sie erwartet, und kann doch nicht entrinnen – sie hat abgeschlossen mit den Freuden und Hoffnungen ihrer Jugend, das Leben hat ihr keine süßen Träume und rosenfarbenen Bilder mehr zu bieten. Sie weiß es: Sie hat nur noch Pflichten zu erfüllen, Pflichten, die umso schwerer sind, weil das Herz keinen Anteil daran nimmt, weil es sich dagegen sträubt. Besitzt sie jene edle Resignation, die sich sagt: Sie begehre auch kein Glück für sich, aber im eitlen Hochmut es dennoch unternehmen will, den Andern zu beglücken. So wird dieser immerhin noch Achtung verdienende, wenn auch trügerische Schluss die Täuschung des Gatten wenigstens verlängern, ja, wenn er einer jener Männer ist, die keine innigen Gefühle, sondern, weil sie selbst die eigenen entweder schon abgenutzt oder nie zu höheren Graden erwärmt haben, und wenn nicht die Begegnung eines anderen Mannes die liebeleere Frau empfinden lässt, was sie für immer verloren: So kann eine solche Ehe sich im Laufe der Zeit vielleicht

103

noch zu einer Existenz voll Frieden und Heiterkeit gestalten, wenn Eltern-Glück und Liebe zu teuren Kindern den Bund befestigen. Aber ganz und voll ein anderes Wesen beglücken kann doch nur, wer dabei selbst inneres Glück empfindet. Welche Freude aber kann eine Frau empfinden an allen Dingen, welche ihr das neue Verhältnis bietet, sobald ihr dies selbst nur Widerwillen einflößt? Wie kann sie sich fröhlich fügen in die Eigentümlichkeiten eines Mannes, den sie nicht liebt? Wie kann sie für ihn arbeiten, auf ihn warten, sich nach ihm richten mit heiterem Mut, wenn er ihr nichts ist als ein aufgedrungener Gefährte? Sie wird bald in allem, was sie um seinetwillen tut, nur eine lästige Pflicht finden, wird in gewohnter Steigerung in dieser Pflichterfüllung ein Opfer erblicken und – absichtlich oder nicht – dies auch durchblicken lassen und durch die eigene Verbitterung natürlich auch die des Mannes hervorrufen – und die unglückliche Ehe ist bald vollendet. (...)

Aber selbst, es kommt nicht bis zu diesem Ende, muss sich nicht jede Frau, die sich dem ungeliebten Manne zur Ehe hingibt, um äußerer Vorteile willen, wie eine verkaufte Dirne erscheinen? Aller Reichtum, alles Schöne und Bequeme, das sie in ihrer neuen Wohnung umgibt und um das sie die Freundinnen beneiden – wird es ihr nicht immer zurufen, um welchen Preis es erworben, und wird sie jemals dieser Güter froh werden können? Oder wenn es so wäre, dass sie in diesen glänzenden Äußerlichkeiten den größten Reiz des Lebens, ihres eigenen leeren Lebens und einen Ersatz dafür finden könnte: Würde nicht eben dadurch ihr ganzes Innere selbst leer werden und sie daran doch geistig, wenn nicht physisch und moralisch zu Grunde gehen?

Und wo in einem Hause der Segen der Liebe fehlt, da kann auch die Familie nicht gedeihen. Wo Vater und Mutter uneins sind, da werden es die Kinder auch sein. Wie ein unreiner Mehltau auf zarte Blüten fällt jedes Wort, das der Zwietracht der Eltern entschlüpft, in die bildsamen Kinderherzen. Eltern, die nicht glücklich miteinander lebten, deren Haus keine Stätte des Friedens und der Freude war, werden nie jenen Familiensegen erleben, wie wir ihn oben schilderten.

Eine glückliche Ehe ist der Himmel auf Erden, aber eine unglückliche ist ebenso gewiss die Hölle selbst.

Man sollte darum alles daran setzen die Zahl der letzteren zu vermindern, die Ursachen so viel wie möglich hinwegzuräumen, welche sie hervorrufen.

Und dazu ist wesentlich zweierlei nötig. Erstens, man erziehe die Mädchen so, dass sie noch ein anderes Interesse am Leben haben als das der Liebe, und zweitens, man gebe ihnen Gelegenheit, auf eignen Füßen zu stehen, sich selbst zu erhalten.

Bei der Mädchen-Erziehung, namentlich in den höheren Ständen, ist man zwar nun endlich so weit gekommen, dass nicht mehr wie früher aller Unterricht mit der Konfirmation abgeschnitten ist, aber er nimmt doch noch allzu oft eine Richtung, der meist jeder ernste Hintergrund fehlt. Kommen auch zu den sonst nur üblichen Studien von Sprachen, Musik und Malerei, jetzt noch andere, die einen mehr wissenschaftlichen Charakter haben, so werden alle diese Dinge doch viel mehr um der Gesellschaft, höchstens auch zur eigenen Unterhaltung, nicht aber um der eigenen Ausbildung, noch weniger eines Berufes willen, getrieben. (...)

So lange man die Frauen nur für die Liebe und Ehe, nur für die Männer erzieht, so lange man die Interessen des Herzens selbst als die einzigen proklamiert, welche dem weiblichen Wesen entsprechen, so lange ist es auch gerechtfertigt, wenn sie in überschwänglichen Empfindungen und unerfüllbaren Forderungen nur diese eine Seite des Menschenlebens im Auge haben. Dürfen sie doch nichts im Leben tun als lieben, oder vielmehr warten, bis sie geliebt werden; lesen sie doch oft nichts Anderes als von Liebe; *knüpft sie doch kein anderes Interesse an das Leben als das der Liebe.*

In den kleineren bürgerlichen Verhältnissen lernen die Frauen allerdings ruhiger der überspannten, träumerischen Liebe entsagen. Man findet hier weniger Unzufriedenheit und Unbefriedigtheit als in den höheren Ständen, wenigstens in der Ehe selbst, weil jene nicht Zeit haben, über Nebenzustände zu grübeln und sorgfältig, ja, quälerisch, das eigene Herz zu befragen. Das Hauswesen, die mühevollste Pflege und Sorge für die Kinder fallen in den mittleren Ständen fast ganz der Gattin zu, und sie fühlt unter diesen tausend kleinen Dingen, die doch alle beachtet sein wollen und ihr Leben oft zu einer ununterbrochenen Kette liebevoller Aufopferungen machen, wohl auch ihr Ideal zuweilen schwinden – aber sie weiß, für was sie lebt, sie hat einen Wirkungskreis, dessen notwendiger Mittelpunkt sie ist, und das gibt einem Frauenherzen immer Kraft und Befriedigung, den Lohn für alle Mühen und Anstrengungen. Aber in den durch Rang oder Reichtum bevorzugteren Ständen, wo das ganze Geschäft der Gattin nur darin besteht, kurze Befehle an die Dienerschaft zu geben, im Salon mit Grazie und Feinheit die Herrin zu repräsentieren, und im Übrigen darüber nachzudenken, wie der Tag am besten sich hinbringen lasse – was füllt hier die Seele einer Frau aus, welche nichts gelernt hat als lieben (...)?

Wohl gibt es eine Liebe und ein Liebesglück, die ein ganzes Leben zu dauern vermögen, wohl gibt es glückliche Ehen, in denen beide Teile durcheinander beseligt und miteinander verwachsen, selbst auf den gepriesenen Liebesfrühling ihres Brautstandes zurückblicken, nicht wie auf etwas Verlorenes, sondern nur wie auf das verschwimmende Morgengrauen eines schönen Erdentages, an dem sie im Sonnenschein dauernder Liebe den Sonnenaufgang segnen, der ihnen alles gehalten, was er versprach. Aber eben dies schönste Eheleben ist kein müßiges Träumen noch kleinliches Tändeln, es ist die Harmonie zweier Seelen, die nicht allein füreinander, sondern vielmehr noch mit- und ineinander für die höchsten Zwecke des Daseins leben: die gegenseitige Veredelung, ein getreues Wirken in ihrem Beruf, ein segensreiches in dem Kreis, der ihnen erreichbar. Ein solches Glück kann der Mann nur erringen, wenn er im Weib mehr zu würdigen weiß, als was seine sinnlichen Wünsche befriedigt, und das Weib nur, wenn es befähigt ist, den Beruf des Mannes zu achten und seine größeren, allgemeinen Interessen zu teilen.

Um dieses Glück erringen zu können, noch mehr um Zufriedenheit in einer minder glücklichen, Trost selbst in einer unglücklichen Ehe zu finden, am meisten aber, um auch den alleinstehenden Jungfrauen Befriedigung im Leben zu gewähren, muss ihr Streben, ihr Dichten und Trachten noch andere Ziele erhalten als allein das oft nie erreichbare der Liebe und Ehe. Nicht dafür ist die Gesellschaft anzuklagen –

wie es so oft von jenen liebegetäuschten Frauen geschieht –, dass sie ihre törichten Träume von Liebe nicht erfüllt, nicht darum haben sie ein Recht, mit dem Geschick zu zürnen, weil die Rosen der Liebe nicht immer für sie blühen und sinnberauschend duften können, sondern nur diejenigen sind zur Verantwortung zu ziehen, welche die Liebe zum einzigen Interesse des Weibes machen. Mag immerhin das Weib in dem Verlust ihres Geliebten oder Gatten den Verlust ihres Glückes beklagen – aber sie muss die Kraft und Fähigkeit haben, an einen anderen Lebenszweck sich hinzugeben. Wäre es nicht so, verweigerte man ihr diese Möglichkeit, verschließt man ihr jeden anderen Beruf: Dann allerdings wäre der Brauch der alten Inder, die Witwe über dem Grab des Gemahls zu verbrennen, eine weise Maßregel gewesen, deren Abschaffung sehr zu bedauern, dann müsste man es billigen, wenn jede verlassene Braut zur Selbstmörderin würde.

Hinweg mit diesen schauerlichen Bildern, welche doch nichts sind, als die Konsequenzen verkehrter Lebensanschauungen und Gewohnheiten! (...)

Wir haben hier hauptsächlich die Verhältnisse des Mittelstandes im Auge, denn in den sogenannten unteren Ständen, dem Proletariat, ist es als unumgänglich angenommen, dass die Frau ebenso arbeite wie der Mann; wenn sie auch weniger verdient als er, muss sie doch zur Erhaltung der Familie mit beitragen, wie sie schon von Jugend auf gelernt hat, sich selbst zu erhalten. (...) Nun denn, das Glück lässt sich nicht erzwingen und nicht bannen, und es hilft nicht einmal, ihm nachzujagen – ein Beruf aber sollte allen erreichbar sein, und weil er es Tausenden von Mädchen nicht ist, muss alles darangesetzt werden, diese verkehrten Zustände umzugestalten.

II. Die Unzulänglichkeit der gegenwärtigen weiblichen Erwerbszweige

Strickerinnen. Klöpplerinnen. Näherinnen. Stickerinnen. Gouvernanten. Bonnen.

Unter den Proletariern muss jeder arbeiten, der nicht verhungern will. Es heißt zwar immer und überall: Der Mann ist der Ernährer der Familie, der Erwerber, die Frau hat nur zu erhalten; aber wo, wie in den untersten Ständen, der Mann oft kaum genug verdienen kann, das eigene Leben zu fristen, da muss die Frau auch für das ihrige selbst sorgen, und die Kinder, Knaben und Mädchen auch wieder, wenn sie groß genug sind, um etwas verdienen zu können. Die Frauen, welche für den Tagelohn die gröbsten Arbeiten verrichten, bekommen einen geringeren Tagelohn als die Männer, welche ebenfalls auf Tagelohn arbeiten. Man erklärt dies für angemessen, weil in vielen Fällen die naturgemäß geringeren Kräfte der Frauen auch nur zu geringeren Leistungen ausreichen (…). Aber man kann gerade nicht behaupten, dass Holzspalten, Wassertragen und Scheuern, Waschen und Kehren, ja, das schon in ein höheres Fach gehörende Plätten, leichte Arbeiten wären, sie sind bekanntlich sämtlich sehr anstrengend – aber die Redensart vom »zarten Geschlecht« wendet man solchen Frauen gegenüber nicht an, man besinnt sich nur noch darauf, wenn man die Frauen von irgendeinem Handwerk zurückschrecken oder die Unmöglichkeit dartun will, dass sie etwas, was Kraft und Ausdauer erfordert, üben könnten. Aber diese Frauen, welche die schwersten Arbeiten verrichten, sind noch lange nicht die beklagenswertesten (…); der Tagelohn reicht in der Regel für den notdürftigsten Lebensunterhalt aus. Diejenigen aber, welche nicht gelernt haben, sich diesen gröbsten Arbeiten zu unterziehen, oder deren Kräfte dazu nicht ausreichen, oder die durch ihre Kinder oder hilfsbedürftigen Eltern an's Haus gefesselt sind, sich auch nicht vermieten können, müssen solche Arbeiten verrichten, die als speziell weibliche überall verzeichnet werden: Stricken, Nähen, Sticken. – Welche Konkurrenz hierin, welches Angebot der Arbeitskräfte in Bezug auf ihren Verbrauch und dafür welch' geringer Lohn!

Eine Strickerin bekommt für ein Paar Strümpfe zu stricken in der Regel 5 Neugroschen (sächsisch) oder 17 Kreuzer[20] (rheinisch)– zwei bis drei Tage muss sie darüber stricken, wenn sie nicht nebenbei etwas anderes tut. Da es die leichteste Arbeit ist, fällt sie meist den Kindern und alten Frauen zu, welche zu anderen Arbeiten unfähig sind. In dieser Leichtigkeit, in diesem Nebenher liegt die stete Aufnahme dieses Arbeitszweiges, trotz den immer mehr sich vervollkommnenden Strumpfwirkerstühlen, trotz der Erfindung und endlichen Benutzung der Nähmaschinen. Aber welche Konkurrenz noch außer der hierhergehörenden Strumpfwirkerei! Wer anhaltend strickt, kann etwa 15–18 Pfennige oder 8 Kreuzer verdienen – aber wer hat so viele Kunden? Da das Stricken eine leichte Nebenbeschäftigung ist, die bei jeder Art der Unterhaltung, ja selbst beim Lesen und Spazierengehen vorgenommen werden kann, so gibt es Hunderte, die nur stricken, um nicht müßig zu gehen, und dann auch ihre Arbeit verkaufen. Es ist auch denen, welche es nicht zur höchsten Not brauchen, nicht zu verargen,

20 Der Wert der Währung – auch der Name – differierte von Land zu Land etwas. In Württemberg beispielsweise kostete ein etwa sechs Pfund schweres Schwarzbrot in den 1850er Jahren um die 19 Kreuzer.

110

wenn sie sich einen kleinen Verdienst verschaffen wollen; aber dadurch, dass viele dessen nicht bedürftig sind und die Bezahlung mehr als Nebensache betrachten, lassen sich diese auch die Arbeit schlechter bezahlen, und so drücken die vermögenderen Frauen eigentlich unbewusst und aus lauter Gutmütigkeit den Verdienst der armen Leute herab, da diejenigen, welche davon leben müssen, nun auch so billig arbeiten sollen wie die, welche es nur zu ihrer Unterhaltung tun. Die armen Strickerinnen schätzen sich daher oft glücklich, wenn sie für die »Strumpfstricker,« die damit handeln, stricken können, sie dürfen da doch immer auf Arbeit und den Absatz derselben rechnen, wenn sie gleich dieselbe noch schlechter bezahlt bekommen. Derselbe Grund ist es, welcher die Weißstickerinnen antreibt für die Fabriken, die mit Seide und Wolle Stickenden für größere Handlungen zu arbeiten. Sie werden auch schlechter bezahlt, aber sie haben wenigstens keine Auslagen, da sie das Material, Stoffe wie Zeichnungen geliefert bekommen und, außer wenn eine Handelskrisis eintritt, doch sichere Beschäftigung haben. Eine solche Stickerin (...) verdient den Tag etwa 2–3 Neugroschen, wenn sie von früh bis zum späten Abend arbeitet. Man glaube nicht, in den großen Städten und für Private würden diese Dinge viel besser bezahlt – ich habe gestickte Namenszüge in Taschentüchern gesehen, welche mit 8–10 Neugroschen oder 1/2 Gulden rheinisch (das Garn nimmt die Stickerin noch dazu) bezahlt wurden. Es war nicht möglich, ein solches Tuch unter zwei Tagen anhaltender Arbeit zu vollenden. (...) Und welche augenanstrengende Arbeit – die noch dazu zur Hälfte unter Licht getan werden muss und die, wenn die Arbeiterin allein wohnt, kaum ausreicht, Kleidung und Nahrung, Holz und Licht zu verdienen. Es geht eben nur, wenn das Letztere von einer Familie bestritten wird. Dies sind die am besten gestellten Arbeiterinnen. Aber eine gute Nähmaschine kostet noch immer 70–80 Taler, und es ist wohl auch bei der Konstruktion derselben nicht anzunehmen, dass der Preis derselben sehr falle, und so sind Tausende der armen Näherinnen in der Lage, in welcher die Handspinner den Maschinenspinnern gegenüber einst waren, ja, zum Teil noch sind: In der Maschine, die der Menschengeist zur Erlösung der Menschen von geisttötender Arbeit erfand, erblicken sie ihre Feindin. Die Nähmaschine wird als Feindin der armen Näherinnen betrachtet, sie macht ihnen Konkurrenz, denn sie sollen nun auch so billig und so akkurat arbeiten, wie es die Maschine tut, und der dann und wann noch gerühmte Vorzug der größeren Haltbarkeit der Handarbeit vor der Maschinenarbeit wird nicht sehr gewichtig in die Waagschale fallen – es ist auch hier derselbe Gang der Dinge zu erwarten, wie bei der Spinnerei: Das Vorurteil wird allmählich überwunden, die Maschinen werden noch verbessert, und endlich wird es nur wie eine Sage betrachtet werden, dass man sich allein mit seinen Fingern ohne andere Beihilfe abmühte, ein Kleidungsstück zu fertigen. Und selbst wenn das neue Fabrikat weniger lange hält als das alte: Was tut es? Es kostet dafür auch weniger. (...)

Und wenn ich das Los der Näherinnen und ihr Festhalten an einem Erwerbszweig beklage, der eben niemanden mehr ernährt – was soll ich da z. B. von den Klöpplerinnen[21] im

21 Klöppeln: durch Verdrehen, Verkreuzen, Verknüpfen und Verschlingen der Fäden aufwendige Spitzenelemente oder ganze Stoff-Bilder herstellen.

sächsischen Erzgebirge sagen? Hier zählt der Verdienst eines Tages oft nur nach Pfennigen! Ich fand einst eine Klöpplerin an einer äußerst mühevollen schwarzseidenen Spitze arbeiten; sie sagte mir, dass es ihre Augen kaum aushielten, die dünnen dunkeln Seidenfädchen um die blitzenden Nädelchen zu schlingen – Abends sei sie gar nicht im Stande daran zu arbeiten, aber sie schätze sich doch glücklich, diese Arbeit zu haben, da die schwarzen Spitzen besser bezahlt würden, denn sie könne den Tag eine halbe Elle arbeiten und so 1 1/2 Neugroschen verdienen, ohne die Abendstunden, wo sie zu einer gröberen Arbeit greife! Der Arbeitgeber gab ihr also 3 Neugroschen für die Elle, die Seide dazu kostete ungefähr ebenso viel – und im Handel gibt man für die Elle solcher Spitzen 20 Neugroschen. Nun mache man selbst die weitere Anwendung davon! Hättet Ihr diese Mädchen und Frauen des oberen Erzgebirges gesehen! Die Kinder, welche in den dumpfen Stuben aufwachsen, sehen gespenstisch aus, bleich, mit abgemagerten Armen und Beinen und aufgetriebenen Leibern – von der einzigen Nahrung, welche sie haben: der Kartoffel.

Der Vater hat sich im Blaufarbenwerk einen frühen Tod geholt, oder er zieht mit Rußbutten oder Holzwaren durch das Land, Weib und Kinder müssen daheim arbeiten, er kann nicht auch für sie mit sorgen! Die kleinen Mädchen müssen klöppeln, sobald sie die Händchen regelrecht regen können – da verkümmern sie am Klöppelkissen, an dem die Mutter schon verkümmerte, dass sie nur schwächlichen Kindern das Leben geben konnte, am Klöppelkissen, an dem die Großmutter erblindete! (…). Und da kommen die klugen Leute und sagen: Die Frauen können etwas Anderes tun als klöppeln, es sei Wahnsinn, dass sie darauf bestünden. Nein, sie können es nicht, wenn sie einmal von Kindheit auf nichts anderes getan haben, denn sie haben sich niemals kräftigen können und sind ganz und gar unfähig, eine schwerere Arbeit zu verrichten – wenn man sie ihnen auch verschaffen könnte.

Ich habe schon die Preise angegeben, welche für einige weibliche Arbeiten bezahlt werden. Ja, wenn sie nur wirklich immer bezahlt würden! Aber auch die armen Näherinnen müssen Kredit geben und werden oft spät, zuweilen auch gar nicht bezahlt. Viele der wirklich Reichen haben keinen Begriff davon, was Arbeit ist und dass ein armes junges Mädchen, das nicht gerade zum Betteln gezwungen ist oder wie eine Bettlerin aussieht, ein paar Taler sehr notwendig brauchen kann. Die feinen Damen wissen auch oft nicht, wie lange an einem Stück genäht werden muss, und statt es nach sich selbst zu beurteilen, was sie doch könnten, sagen sie: Ja, wir arbeiten natürlich lange an so etwas, weil wir nicht darüber bleiben, aber bei denen, die den ganzen Tag nähen, fliegt die Arbeit nur so hin – es ist unglaublich, wie viel sie in einem Tag fertigbringen. Denn das ist auch herkömmlich, dass der Reiche nie von sich auf den Armen schließt, sondern dass er diesen geradezu als ein anderes Wesen, eine andere menschliche Gattung betrachtet als sich. So kennen sie auch nicht die Sorgen und Bedürfnisse der verschämten Armen – ein paar Taler oder Gulden sind für den Reichen so wenig, und darum wird eine solche Kleinigkeit oft wirklich vergessen. In diesem Vergessen aber liegt selbst der ganze Egoismus, die ganze Unnatur, die ganze Unchristlichkeit bei aller Frömmelei, Unmenschlichkeit bei allen öffentlichen

Humanitätsbestrebungen der heutigen Gesellschaft! (...)
Glücklich sind diejenigen Mädchen, welche, indem sie von
weiblichen Handarbeiten leben, noch einer Familie ange-
hören, so dass sie wohl, was sie verdienen, den Eltern oder
Geschwistern mit zum Haushalt geben, aber doch nicht
speziell dafür zu sorgen haben. Dann sitzen sie wenigstens
in einer warmen Stube und haben ein warmes Mittagsessen.
Aber welches Glück ist eine solche Existenz! Eine fleißige
Arbeiterin steht früh 5 Uhr auf und setzt sich gegen 6 Uhr
an ihren Arbeitstisch, dann steht sie nicht eher auf als um
12 Uhr zum Mittagsessen, in längstens einer halben Stunde
ist dies beendigt, und sie setzt sich gleich wieder hin. Hat sie
viel zu tun, so macht kaum die Dämmerung, noch weniger
das Abendessen eine Unterbrechung, ein Butterbrot kann
bei der Arbeit genossen werden – und darin besteht allein
ihre Abendmahlzeit; gegen 10 Uhr, oder – je nachdem die
Arbeit treibt – früher oder später, geht sie schlafen. Und
so Tag für Tag, Stich für Stich – kein Feierabend, wie ihn
andere Arbeiter haben, kaum sonntags ein Kirchenbesuch,
ein Spaziergang. Die Gedanken stumpfen entweder ganz ab
oder bleiben an den Sorgen hängen: wo wieder Arbeit herzu-
bekommen, wenn diese fertig? Und wird diese auch bezahlt
werden? (...)

Diese »weiblichen Arbeiten«, wie Sticken, Häkeln,
Nähen usw. werden auch von allen denen vorgezogen, welche
es nicht wollen wissen lassen, dass sie einen Verdienst brauchen können. Jedermann will für reicher gehalten sein, als er
ist, oder die »höheren« Stände halten es für ihrer unwürdig,
zu arbeiten. Man kann kaum dem Einzelnen einen Vorwurf
daraus machen, einem Unrecht, welches das hergebrachte

Unrecht der ganzen Gesellschaft ist, sich zu unterwerfen – das ist nicht oft genug zu wiederholen. Alles gilt ja der Schein und wenig das Sein – nun, so ergibt man sich dem in der Gesellschaft einmal herrschenden Schwindel. Der Mann, der Familienvater sieht in der Regel durch die Kinder und deren Größerwerden die Ausgaben des Hausstandes in einem Grade wachsen, mit dem seine Einnahmen nicht Schritt halten, die Forderungen des Luxus werden täglich größer, nicht nur die Lebensmittel mit ihren sich immer höher steigernden Preisen verteuern einen Haushalt, sondern die Garderobe – und zwar für beide Geschlechter – steigert sich zu immer mehr kostspieligen Extravaganzen, welche nicht mitmachen zu können fast wie ein Unglück, sicherlich als ein Mangel empfunden wird. Die meisten Familienväter belächeln zwar diese Dinge und finden sie überflüssig, ja, stemmen sich oft hartnäckig dagegen, indes, sie werden überstimmt, oder wenn das nicht hilft: überlistet. (...)

Die meisten Mädchen, die eine oberflächliche Erziehung genossen haben und nicht so weit vorgebildet sind, um eine Stelle als »Gouvernante« ausfüllen zu können, suchen eine solche als »Bonne« oder »Erzieherin,« oder »Mamsell,« wie der andere Kunstausdruck lautet. Kommt ein solches Mädchen, das von allem etwas und meist nichts ordentlich gelernt hat, in eine Familie, so weiß man dann oft nicht, ob man mehr die Familie bedauern soll, welche einem so dilettantenhaft gebildeten Mädchen die Aufsicht über ihre Kinder, wohl gar deren Erziehung anvertraut, oder das Mädchen, das tausend Ansprüche an sich gemacht sieht, die alle zugleich zu befriedigen fast eine Unmöglichkeit ist! Wie fast immer im planlosen Frauenleben, entscheidet auch hier nur der Zufall, natürliche Begabung und der gute Wille, ob in irgendeiner Weise ein günstiges Resultat erreicht wird.

Betrachten wir uns doch einmal diese Verhältnisse ein wenig näher. Wer eine »Bonne« engagiert, wünscht gewöhnlich Gouvernante, Kammerjungfer und Kindermädchen in einer Person zu vereinigen. Es sind einige kleine Kinder im Hause, die noch nicht oder nur zum Teil das schulpflichtige Alter erreicht haben. Die Mutter ist abgehalten, sich ihnen ganz zu widmen – im schlimmeren Falle durch Bequemlichkeit und gesellige Bedürfnisse, im besseren durch einen mit dem Geschäft des Mannes verknüpften großen Hausstand, durch Kränklichkeit oder ein kleines, vielleicht auch kränkliches Kind. Wir verdenken ihr dann nicht, dass sie sich nach einer Gehilfin umsieht; es ist sogar ihre Pflicht, es zu tun, sobald es die Verhältnisse erlauben. Ebenso wenig verdenken wir ihr, dass sie statt einer vorurteilsvollen, vielleicht abergläubischen Kinderfrau oder eines leichtfertigen Kindermädchens, ein Mädchen von besserer Bildung wünscht, dem sie vertrauensvoll die Kinder überlassen kann. Nehmen wir also an, dass ein Hausmädchen existiert für die Küche, Wäsche und andere gröbere Arbeiten und für das kleinste Kind eine Amme oder ein Kindermädchen, das ausschließlich von dessen Bedürfnissen in Anspruch genommen wird. Was wird nun von der Bonne alles verlangt? Sie muss bei den größeren Kindern schlafen, früh sie wecken, ankleiden helfen und den ganzen Tag über beaufsichtigen. Sie muss Französisch verstehen, um es den Kindern »spielend« – wie der Kunstausdruck lautet – mit zu lehren, außerdem aber Schneidern, Putzmachen, Gardinen aufstecken, plätten, nähen und alle weiblichen Handarbeiten verrichten, alles besorgen, was zur Kleidung der Kinder und zur Haustoilette der Hausfrau gehört; vielleicht muss sie diese auch frisieren und ankleiden, wenn nicht täglich, doch für die Gesellschaft. Vielleicht muss sie auch mit bei der Wäsche helfen, stärken und mit auf die Rolle gehen, in der Küche jedenfalls, wenn es etwas mehr als gewöhnlich zu tun gibt. Außerdem muss sie mit den Kindern spazieren gehen und immer bereit sein, »spielend« ihre Anliegen und Einfälle zu befriedigen: ihre Puppensachen nähen, ihre Spiele leiten, alles aufräumen, was sie herumwerfen, für alles stehen, was sie zerreißen oder sonst umbringen, womöglich jeden Schaden wieder heilen, den sie anrichten, und das alles mit der liebevollsten und freundlichsten Miene – denn dazu hat man sie ja! Selten darf sie den Kindern etwas verbieten, abschlagen, noch weniger sie bestrafen, dazu haben die Eltern allein das Recht. Sind aber die Kinder unartig, so fällt die Hauptschuld allein auf die Bonne. (...) Und was ist nun bei Bildungsgrad, Leistungsfähigkeit und Behandlung, wie geschildert, meist der Lohn für solche Mühsal? Die Feder sträubt sich, es zu sagen!

Sechzig bis achtzig, höchstens hundert Taler jährlich – dazu kommen im besten Falle noch Weihnachtsgeschenke, aber fast nie wird das Gesamteinkommen viel über hundert Taler betragen. Dafür wird nicht nur die ganze Freiheit – es gibt keine Ferien und Feiertage, von den letzteren gestattet vielleicht einer um den anderen einen Kirch- und freien Ausgang – und die ganze Arbeitskraft eines Mädchens verkauft, sondern es wird auch »anständige« Kleidung gefordert, deren Verbrauch bei den vielen wirtschaftlichen Leistungen und der Kindernähe kein geringer ist, indes meist die Zeit fehlt, für sich selbst zu nähen und auszubessern.

Und wenn irgendwo eine solche Stelle angekündigt wird, findet leicht eine Konkurrenz von hundert Bewerberinnen statt!

Daraus kann man schließen, wie viele Mädchen es gibt, die zu einem solchen Erwerb genötigt sind, genötigt, sich für das schlechteste Gehalt auch noch der schlechtesten Behandlung Preis zu geben! (...)

III. Die Familie und ihre Pflichten
Die Ehe, menschliche und weibliche Bestimmung (...).
Wenn zwei Menschen sich vereinigen, um zusammen durchs Leben zu gehen und eine Familie zu bilden, so sollten sie sich auch den ganzen Ernst dieses Schrittes vergegenwärtigen, und zwar nicht erst im letzten Moment am Tag vor der Hochzeit oder in der Kirche bei der Trauung, sondern lange vorher. Wenn die Liebe das Ehebündnis schließt, so ist das Gefühl des Glückes, einander nun ganz gehören zu dürfen, an einem längst ersehnten Ziel zu stehen, doch zu groß und aufregend, um sich da des getanen Schrittes in seiner ganzen Größe bewusst zu werden – und auch wo dies Bewusstsein kommt, kann es ja nur noch gute Vorsätze und heilige Gelübde mit sich bringen, aber nichts mehr vorbereiten und ändern. Und dreimal wehe da, wo die Liebe auf der einen oder andern Seite nicht das Band geschlungen – wo es nicht wie Schauer der Seligkeit, sondern wie Schauer des Elends durch den Körper rieselt, wenn das bindende Ja ertönt – und wehe auch denen, die in dieser Stunde sich erst klar werden über das, was sie getan – für alle aber, ob Glückliche oder Unglückliche, ist es doch zu spät, all' die neu übernommenen Pflichten erst einer Prüfung zu unterwerfen, ob man auch

fähig sei sie zu üben. Diese Vorbereitung sollte vorhergegangen sein, und zwar nicht allein bei dem Mädchen, sondern auch bei dem Mann.

Wir sind ein- für allemal dagegen, dass bei der Schließung einer Ehe die äußeren Verhältnisse den Ausschlag geben. Wir haben schon im Voraus jede Ehe für unsittlich erklärt, trotz Trauschein und Priestersegen, wenn ihr das höhere Motiv der Liebe fehlt. Aber wir meinen damit auch nicht die Liebe, welche nur in den Sinnen wurzelt und nur geschlossen wird, um das Verlangen der Leidenschaft zu befriedigen; auch sie kann nicht bestehen vor dem Richterstuhl wahrer Sittlichkeit, welche verlangt, dass zwei Wesen nur dann auch körperlich Eins werden, wenn sie es vorher geistig, wenn sie es mit Herz und Seele geworden; und insofern finden wir in der kirchlichen Weihe der Ehe ein symbolisches schönes Moment, welches die geistige Heiligung des Bundes andeuten soll, der eben auf höheren Prinzipien zu ruhen hat als allein auf dem eines bürgerlichen Vertrags.

Freilich tritt die Liebe auf in so verschiedenen Gestalten und Graden, dass die Frage: was ist Liebe? und wer liebt wahrhaft? hier eigentlich erst aufzuwerfen und zu beantworten wäre, ehe wir es wagen sollten zu warnen, zu beklagen oder zu verurteilen – aber man weiß, dass in der Liebe sozusagen jedes Herz nicht allein seinen eigenen Gott, sondern auch seine eigene Religion hat und dass von je alle Versuche, das Wesen der Liebe zu definieren, vergeblich waren! (…)

Wenn ein Mädchen erst zu einer Ehe überredet werden muss, wenn es den Bewerber gleichgültig kommen und gehen sieht, wenn es aus irgendeinem anderen Grund als dem der innigsten Zuneigung das Versprechen der Ehe gibt, so han-

120

delt es töricht oder gewissenlos; dann wäre es Pflicht, statt es in einem solchen Vorhaben noch zu bestärken, ihm dasselbe auszureden und vor allen Dingen aber statt die Einzelne die Allgemeinheit ins Auge zu fassen und dafür zu sorgen, dass die Anschauungen und Zustände umgestaltet werden (...).

Wenn man hier die Anschauungen dahin geändert hat, dass die allgemein *menschliche* Bestimmung: Gutes zu tun, sich selbst zu vervollkommnen und ein nützliches Glied im großen Menschheitsverband zu sein, über die spezifisch *weibliche* geht: nur Gattin und Mutter zu werden um jeden Preis – und wenn man solche Zustände herbeigeführt hat: dass ein erwachsenes Mädchen sich selbst erhalten kann und ihren Eltern keine Last zu sein braucht, dass sie vielmehr mit der Zeit selbst ihnen eine Stütze sein kann durch ihre eigene Arbeit und Erwerbsfähigkeit, und wenn sie eben dadurch es zu einer geachteten selbstständigen Stellung in der Welt bringen kann: Dann werden wohl immer noch aus Selbsttäuschung und Leidenschaft solche Ehen geschlossen werden, die nach beendetem Rausch sich zu einem traurigen Verhältnis gestalten; es werden auch noch genug Ehen aus niederer Spekulation geschlossen werden, denn Frauen werden ihr ebenso oft unterliegen, wie wir ja auch die Männer ihr unterliegen sehen – aber man wird dann ein Recht haben, das Handeln der Frauen ebenso verächtlich zu finden, wie das der Männer, die um reiche oder vornehme Mädchen werben, um durch sie ihre Karriere zu machen – man wird für die Selbstopferung eines Mädchens keine Beschönigung mehr suchen in edlen Eigenschaften und Beweggründen, und man wird in der Tat keine mehr finden, um einen Meineid am Altar noch ferner zu entschuldigen. (...)

Wenn wir die Liebe als diejenige Macht bezeichnen, ohne welche wir ein Ehebündnis von vornherein als ein unsittliches und unseliges erklären, so ist es ja eben die Erfahrung, welche den Satz hinstellt, dass die Liebe allein auch noch keine Garantie gibt für das Gedeihen einer Familie, sondern dass die Verhältnisse, oder wie wir lieber sagen möchten, der *Wille*, welcher die Verhältnisse beherrscht, dabei auch mit in Frage kommen muss. Diese Erfahrung ist es aber wieder, welche den »Verhältnissen« leicht eine zu große Macht einräumt, welche es verschuldet, dass Ehen aus Berechnung, statt aus Liebe geschlossen werden – und das ist es ja, wogegen wir kämpfen.

In den sogenannten unteren Ständen werden deshalb die Ehen überhaupt leichter geschlossen, weil es da schon üblich ist, dass Jungfrau wie Junggeselle, Frau wie Mann sich die Mittel ihrer Existenz selbst erarbeiten und erwerben und dass sie auch in der Ehe beide tun müssen, was sie unverheiratet getan: fortarbeiten für den Erwerb. Ein Gleiches auch in den höheren Ständen einzuführen, ist unser Streben. Wir haben schon im ersten Abschnitt gezeigt, wie dasjenige Mädchen, das einen Beruf, einen Lebenszweck hat, das sich selbst erhalten und anderen nützen kann, sich nur aus Liebe verheiraten wird. Dass sie dann, wenn sie sich bewusst ist, ihrem Mann einen Teil seiner Sorgen für die gemeinschaftliche Existenz abnehmen zu können oder, wo dies nicht nötig sein sollte, doch eben die Fähigkeit dazu besitzt, sich gesicherter fühlt gegen alle Wechselfälle des Geschicks als ohne dies Bewusstsein. Dies allen Mädchen und Frauen zu geben, ist der Zweck unsers ganzen Strebens, nur dadurch können sie wahrhaft befreit werden – jeder Emanzipationsversuch, der auf einer anderen Basis ruht, ist Schwindel. Es müssen darum, da, wie wir im vorigen Abschnitt zeigten, die gegenwärtigen Erwerbsquellen für das weibliche Geschlecht unzureichend sind, demselben neue geöffnet werden, aber was noch wichtiger, es müssen auch die Mädchen zu der Benutzung derselben vorbereitet werden. (...)

IV. Selbstständigkeit

Selbst stehen, sich selbst bewachen, selbst ernähren. (...).
Aufhebung der Geschlechtsvormundschaft.
Selbstständig kann schon dem Sprachgebrauch nach nur sein, wer selbst zu stehen vermag, d. h. wer sich selbst auf seinen eigenen Füßen und ohne fremde Beihilfe erhalten kann.

Den Frauen zu dieser Art der geforderten Selbstständigkeit zu verhelfen, ist der wichtigste Schritt – für alles Übrige brauchen wir dann kaum noch weitere Forderungen zu stellen, kaum zu kämpfen – es wird von selbst folgerichtig kommen.

Freilich werden sich durch den Grundsatz, der jede Frau für selbstständig erklärt, welche die Fähigkeit besitzt, sich selbst zu ernähren – ein Grundsatz, der sich ganz von selbst durch die erweiterten Gelegenheiten, von einer solchen Fähigkeit immer besseren Gebrauch zu machen, in das bürgerliche Leben einführen wird –, auch die bürgerlichen Gesetze modeln müssen. Denn diese gebieten nicht über die Verhältnisse, sondern sie unterliegen ihnen: d.h. wenn der Fortschritt mächtig genug geworden, neue Gesetze und Gerechtsame für diese und jene Einrichtung zu erheischen, werden dieselben auch ins Leben gerufen, nicht durch brutale Willkür, sondern durch den gereiften Volkswillen, der das überlebte Alte nicht mehr duldet und das bessere Neue zur Geltung bringt, wenn auch langsam und kämpfend, nur Schritt vor Schritt, das neue Gebiet erobernd. So gut wie der Zunftzwang allmählich überall fiel, als er sich überlebt hatte und die Gewerbefreiheit an seine Stelle trat, so gut wie überall die Zollschranken fallen, so gut werden auch alle die Schranken allmählich beseitigt werden, welche jetzt noch die Frauen in ihrer Selbstständigkeit, in ihren Rechten beschränken, sobald man nur einmal eingesehen hat, dass die Frauen verdienen, selbstständig zu sein, weil sie es sein wollen und durch eigene Kraft sich schon dasjenige Maß davon selbst errungen haben, das man ihnen nicht gewaltsam vorenthielt. Und so wird sich vorerst auch die Stellung der Frauen im täglichen Verkehr etwas anders gestalten müssen, als sie jetzt im Allgemeinen noch ist.

Wir haben uns dabei mehr mit den gebildeteren Ständen zu beschäftigen. Denn nur in ihnen gilt es noch häufig als Norm, dass ein junges Mädchen stets unter den Augen der Mutter leben müsse, dass es nicht ohne ihre oder irgendwelche Begleitung eines älteren Wesens sich auf der Straße zeigen dürfe; auch von der verheirateten Frau wird es häufig unpassend gefunden, wenn sie ohne Beisein ihres Mannes mit andern Männern redet oder für sich allein spazieren geht, selbst die Witwe, selbst das alternde Mädchen erregen Befremden, wenn sie es wagen, allein spazieren, in irgendein Konzert, wo man ohne Sperrsitz Platz nehmen muss, oder in irgendein öffentliches Gartenlokal zu gehen, und das Alleinreisen der Damen ist erst seit neuester Zeit (…) nichts ganz Unerhörtes mehr, wird aber von vielen Seiten noch immer bedenklich gefunden. Man lässt es allenfalls gelten, wenn eine Dame allein von Süd- nach Norddeutschland oder umgekehrt reist, um daselbst Bekannte zu besuchen oder mit irgendeinem bestimmten Zweck – dass sie aber allein reist, um zu reisen, eine Rhein-, Schweiz- oder eine Gebirgsreise immer zu machen, das findet man eben nicht sehr passend. Soll die Verwunderung darüber nur ausdrücken, dass es langweiliger sei, eine Vergnügungsreise allein zu machen als an der Seite eines befreundeten Wesens, so müsste man auch über den Mann sich wundern, der eine solche Reise allein unternimmt – aber das geschieht durchaus nicht. (...)

In Amerika, das als so materialistisch und nur die Praxis des Lebens beobachtend verschrien und dem man so gern den idealistischen Ruf Deutschlands und seiner Söhne und Töchter triumphierend entgegenstellt – in Amerika erzieht jede Mutter ihre Tochter so, dass sie dieselbe ohne jede Gefahr allein nicht nur mit anderen jungen Mädchen, sondern auch mit jungen Männern verkehren lassen kann. (...)

Das gegenseitige Isolierungssystem beider Geschlechter, wie es bei uns in Deutschland immer mehr sich ausgebildet hat, ist gewiss nicht der Weg, die Sitten zu verbessern. Kommt man nicht mehr in harmlosem geselligen Verkehr zusammen, vereinigt man sich nicht, um miteinander seine Ansichten und Erfahrungen auszutauschen, so wird jedes Geschlecht sich gerade in seinen schlechteren Eigentümlichkeiten verknöchern, und man wird sich immer weiter von dem wahren Menschheitsideal, das eine Vereinigung der besten männlichen wie der besten weiblichen Eigenschaften und Kräfte ist, entfernen, ja, man wird dahin kommen (wo man in der Tat schon teilweise ist!), dass die Männer in den Frauen nichts sehen als Spielzeuge für ihre Sinnlichkeit und die Frauen in den Männern nur eine passende Partie für sich selbst oder für ihre Töchter. Darauf basiert so ziemlich die jetzige deutsche Geselligkeit, die kaum noch einen andern Zusammenkunftsort für Damen und Herren kennt als den Ballsaal, in den die Mädchen geführt werden, um erst einen Tänzer und dann einen Mann zu erobern, und in dem blasierte Männer sich lieber suchen lassen, als selbst suchen. (...)

Ein Mädchen, das zur Selbstständigkeit erzogen, wird keine andere Stellung im Hause einnehmen, es wird nicht die bloße Haushälterin, noch die Puppe, noch die Leibeigene und Sklavin des Mannes sein – es wird den Platz an seiner Seite dadurch zu verdienen wissen, dass es seine Interessen teilt, seine Bestrebungen versteht und, wo sie es vermag, dieselben mit zu den ihrigen macht.

Die Zeit eines patriarchalischen Familienlebens können wir allerdings nicht wieder heraufbeschwören, wie es noch zur Zeit unserer Großeltern gewesen sein mag, als sich das ganze Leben noch mehr auf das Haus beschränkte und die herrschende Einfachheit wie Wohlfeilheit des Lebens eine größere Gastfreundschaft gestattete. Damals war man überhaupt mit allen seinen Vergnügungen, namentlich aber mit der ganzen Geselligkeit mehr auf das Haus angewiesen. Das Reisen war noch eine so zeitraubende, beschwerliche, jedenfalls kostspielige Sache, dass nur die wenigsten Personen es sich gestatten konnten. Wenn getrennt wohnende Verwandte oder Freunde einander einmal aufsuchten, so war dies ein Ereignis, dem zu Ehren man gewöhnlich alle möglichen Familienfeste veranstaltete, sie wurden im eigenen Hause untergebracht und so lange wie möglich behalten.

Nur auf ein paar Tage zu kommen, wog ja auch die Strapazen und Kosten der Reise nicht auf, man kam dann gleich auf Wochen und brachte so seine Ferien bei den Gastfreunden zu. Dampfwagen, Dampfschiffe, Omnibusse und all' diese erleichternden Verkehrsanstalten, welche die Eisenbahnen nur als Korridore erscheinen lassen, die aus einem Zimmer in das andere führen, gab es nicht, und wer nicht mit eigenen oder noch teureren Mietequipagen einen Ausflug von einem Tag oder Nachmittag machen konnte, musste zu Hause bleiben oder sich auf die Punkte beschränken, die er mit seinen Füßen erreichen konnte. (...) Indes, der Geist der Zeit drängt einmal aus dem Hause und seiner Beschränktheit hinaus in den Strom des Lebens, der Einzelne verlässt seine Gesondertheit und begibt sich unter die Menge, jeder denkt nur daran, wie er sich selbst, nicht wie er Andere unterhalte, der Einzelne begibt sich unter die Gesamtheit und verfolgt doch in ihr nur sein Einzelinteresse wie jeder andere neben ihm – möge man denn auch ebenso die Frauen das Ihrige verfolgen lassen. Der Dampf und die Eisenbahnen haben eine nivellierende Macht – hier sind in Wahrheit alle gleich, und das möge man für alle Verhältnisse des Lebens berücksichtigen. (...)

Als Berufsgenossinnen werden die Männer die Frauen ehren, wenn sie dieselben in einem Beruf tüchtig finden – Liebe, Gefallsucht und Sinnlichkeit werden nicht mehr die einzigen Triebfedern des Verkehrs zwischen Männern und Frauen sein –, man wird sich in gemeinschaftlichen Unternehmungen kennenlernen, im Streben nach bestimmten Zielen begegnen, und jedenfalls wird man gegenseitig ein richtigeres Bild voneinander erhalten, wenn eines das andere bei seiner Arbeit, seiner Berufstätigkeit beobachten kann, als wenn man sich nur im gesellschaftlichen Putz im Salon vorgestellt wird. Man wird auch auf diesem Wege sich kennen und lieben lernen und glücklich verheiraten. Sollten also etwa die Heiratslustigen beider Geschlechter bange sein, dass ihnen bei einer so veränderten Gestalt der Dinge die Gelegenheit fehlen würde, ein passendes Eheband zu schließen, so bedarf es nur einiger Überlegung, um sich zu sagen, dass man beiderseits vielmehr vor Täuschungen und Enttäuschungen bewahrt sein wird, wenn man im Ungefähr des Geschäfts- und Berufsverkehrs sich kennenlernte, statt im Ballsaal, den jedes Mädchen nur betritt, um zu gefallen, und wo es die gesellige Pflicht aller darin Erscheinenden ist, sich einander in jeder Beziehung nur von der liebenswürdigsten Seite zu zeigen.

Der Selbstständigkeit des weiblichen Geschlechtes widersetzen sich viele Frauen und Männer nur darum, weil sie meinen, das Familien- ja, das Staatsleben könne darunter leiden, die Frauen könnten die schönsten Eigenschaften weiblichen Wesens verlieren, wenn sie mehr als bisher zur Selbstständigkeit erzogen, wenn sie in Wahrheit selbstständig würden. Wir aber erwarten gerade das Gegenteil davon, wenn nämlich, wie schon angedeutet, die Erziehung auch eine solche ist, wie sie sein soll, eine, welche den Charakter zu unterstützen sucht und weder das Gemüt noch den Verstand einer einseitigen Ausbildung unterwirft. Gerade die Biografien geistig hervorragender, wirklich selbstständig gewordener Frauen lehren uns, was uns auch die Erfahrung alle Tage lehren kann, dass dieselben zugleich die besten Gattinnen und Mütter waren, lehren uns, dass sie reich waren an Opfern, an Liebe und Begeisterung sowohl für einzelne ihnen nahestehende Menschen, wie für die Menschheit und ihre großen Zwecke selbst, während es gerade die auf einen kleinen Kreis angewiesenen, in Unmündigkeit gehaltenen Frauen sind, welche von dem engherzigsten Egoismus beherrscht, der nie weiter sieht als über die Grenzen des Hauses, zum Hemmschuh oft auch für das edelste Streben der besten Männer, ja, dass sie geradezu oft zum Fluch, zum Verderben derselben werden. Eine Frau, welche keine andere Welt kennt und kennen *darf* als die ihres Hauses, wird auch stets beflissen sein, den Mann da zurückzuhalten, wo er im Begriff ist, diese kleinen Interessen denen seines Vaterlandes, seines Berufes unterzuordnen. Sie wird ihn zurückhalten mit jenem Schein von Recht und Gewissen, den gerade ihre Beschränktheit um sie gebreitet – sie wird ihm sagen, dass er zuerst an seine Familie denken müsse, ehe er weiter strebe, dass er pflichtvergessen handele, wenn er etwas tue, was seiner Familie, d. h. seiner Stellung in Amt und Würden oder seinen Finanzen schaden könne. Und sie wird vollständig im Recht sein, so zu urteilen und zu handeln, solange ihr selbst kein Verständnis aufgegangen ist für höhere Interessen, solange sich ihre Familienliebe nicht zur Vaterlands- und Menschheitsliebe erweitern konnte.

Nicht darum wollen wir das Weib aus dem beschränkten Raume des Hauses und einem in seiner Stille geführten Traumleben hinaustreiben in die größeren Kreise des wirklichen Lebens, damit es seine schöneren Eigenschaften im Lärm eines realistischen Treibens verliere, sondern wir wollen dies gerade darum, damit es in diesem jene zur Geltung bringe, sich ihrer bewusst werde und nicht allein am häuslichen Herd, sondern auch am Opferaltar im Tempel des Vaterlandes die priesterliche Hüterin der heiligen und heiligenden Flamme der Begeisterung sei, ohne welche die ganze Menschheit verloren ist! Denn die Fähigkeit der Begeisterung ist jenes Ewig-Weibliche, das wir als die schönste Mitgabe des weiblichen Geschlechts betrachten, das Ewig-Weibliche, das nicht allein die Männer, sondern die ganze Menschheit höher hinanzieht zum Ziel der Vollendung. Denn nur durch die edlere Gestaltung des Familienlebens, welches die Grundlage des Staatslebens ist, kann dieses selbst sich in würdiger Weise entfalten. Nur durch das gemeinsame Wirken von Mann und Weib, nur durch die Gleichberechtigung beider Geschlechter in allen Dingen, wo nicht die Natur, die Mann und Weib verschieden schuf, eine Grenze setzte, kann das Menschheitsideal endlich erreicht werden, dem bewusst oder unbewusst die Völker entgegenstreben.

Denn noch einmal sei es wiederholt: Wir stellen nicht etwa die Forderung an das Weib, dass es von der angeborenen Eigentümlichkeit seines Wesens etwas ablege, sondern dass es nur Raum und Freiheit gewinne, dieselbe ganz zu entfalten, dass es nicht um jeden Zollbreit Raum zur eigenen Entwicklung, um jeden Leben und Odem bringenden Atemzug in freier Luft erst mit dem stärkeren Geschlecht zu kämpfen habe. Dies Recht, das jedem Geschöpf von dem Schöpfer zugeteilt worden, nimmt auch das Weib für sich in Anspruch und muss es tun, will es nicht anders den Zweck des Schöpfers verfehlen. (...)

Also keineswegs damit die Frauen die Männer nachahmen und sich mit ihnen in einen widersinnigen Wettkampf einlassen sollen, sondern damit sie in würdiger Vereinigung in der Ehe miteinander und außer ihr nebeneinander sich beteiligen an der Arbeit des Jahrhunderts, fordern wir eine veränderte und selbstständige Stellung des weiblichen Geschlechts. (…)

Die Geschlechtsvormundschaft besteht noch in einigen deutschen Staaten – in anderen ist sie abgeschafft. Auch als dies geschah – Sachsen war bekanntlich einer der ersten deutschen Staaten, der sie aufhob, schon in den dreißiger Jahren –, ward erst lange darüber debattiert, ob dies nützlich sei oder nicht, ob man die Frauen als mündig vor dem Gericht erklären könne, und es war dies in der Tat beinahe der wichtigste Schritt nach vorwärts, den die Geschichte der Frauen aufzuzeigen hat, nur dass er eben von den Frauen selbst in seiner ganzen Größe kaum genug gewürdigt ward.

Die Sache war nämlich die: Der Vater ist der natürliche Vormund seiner Tochter, und wenn dieselbe heiratete, so ging diese Vormundschaft auf ihren Mann über. War nun die Frau Witwe geworden, so musste sie sich einen Kurator wählen, ohne dessen Bewilligung und Unterschrift sie keine Kontrakte eingehen noch sonst eine gerichtliche Verfügung treffen konnte – ihre Unterschrift allein hatte keine Gültigkeit. Innerlich unselbstständige und beschränkte Frauen fanden diese Einrichtung sehr bequem, sie hatten ja einen Beistand und waren von vielem Nachdenken und jeder Verantwortung befreit; reichen Witwen z. B., die um Darlehen oder dergleichen angegangen wurden, war es sehr bequem, dasselbe mit der kurzen Phrase ablehnen zu können: »Mein Kurator will es nicht!« Die Demütigung, die für sie selbst in dieser Antwort lag, empfanden sie nicht – sie war durch das Herkommen geheiligt. Auch kluge Frauen profitierten bei dieser Einrichtung, jene Ausrede blieb ihnen, und damit der Kurator nur das wollte, was sie selbst wollten, wählten sie sich dazu entweder einen bewährten Freund oder noch lieber den dümmsten Mann, den sie finden konnten, der sich ohne Widerreden ihren Angaben unterordnete und den sie wohl auch dafür bezahlten. Um das Prinzip bekümmerten sie sich nicht – es war eine Einrichtung etwa wie in der Presse zur Zeit der Zensur. Wir, die wir noch unter Zensur geschrieben und gegen sie gekämpft haben, wissen es recht gut, dass es viel bequemer unter ihr sich schrieb – man hatte keine Verantwortung, es gab nicht so leicht Presseprozesse, denn der Zensor strich ja, was einen solchen hätte veranlassen können – man brauchte sich nicht selbst die eigenen Flügel zu beschneiden, wie jetzt, wo man sein eigener Zensor sein muss. Und dennoch wird kein Schriftsteller von Ehre die Zensur zurückwünschen, denn sie war ein unmoralischer, entwürdigender Zustand – und ebenso wird keine Frau von Ehre die Zeiten der Geschlechtsvormundschaft zurückwünschen.

Aber leider lassen die Konsequenzen dieser Befreiung, dieser in Wahrheit gesetzlich festgestellten Emanzipation noch sehr auf sich warten, und zwar hauptsächlich mit durch die Schuld der Frauen und ihrer Scheu vor diesen Konsequenzen. Man gestattet ihnen Bürgerinnen zu werden, Liegenschaften aller Art zu erwerben und selbstständig zu verwalten, Geschäfte der mannigfachsten Branchen zu etablieren, an jedem Aktienunternehmen sich zu beteiligen. Wenn aber irgendwo eine Versammlung und Beratung stattfindet in einer dieser Angelegenheiten, so lassen sie sich durch Männer vertreten oder, wo es nicht nötig ist, tun sie vielleicht nicht einmal dies. Und weil sie selbst von dem ihnen zustehenden Recht keinen Gebrauch machen, wird es ihnen stillschweigend, gleichsam von selbst entzogen und dies nachher damit entschuldigt: Die Frauen kommen ja doch nicht! – so werden sie nur darum um ihr Recht betrogen, weil sie sich darum betrügen lassen, es nicht zu schätzen, nicht zu wahren verstanden – und man könnte sagen: Damit geschieht ihnen ganz recht, wenn nicht es doch einzelne Unschuldige gäbe unter der Majorität der Schuldigen! Doch wir geraten hiermit in das Gebiet des folgenden Abschnittes, der allerdings an diesen notwendig sich anschließt; denn die Selbstständigkeit führt zur Selbst- hilfe, und ohne diese der Einzelnen kann wieder jene für alle nicht errungen werden!

V. Selbsthilfe
Nur was man durch eigene Kraft erringt, hat einen Wert. Kinder-erziehung. Selbstzweck der Mädchen. Pflicht sich selbst zu erhal-ten. Weibliche Bestrebungen für das Frauen-Recht im Dienst der Subjektivität, der Politik, des Sozialismus. Die Gründung des Allgemeinen deutschen Frauenvereins. Das Recht der freien Selbstbestimmung.
Wer sich nicht selbst helfen will, dem ist auch nicht zu helfen, ja, er verdient nicht einmal, dass ihm geholfen werde!
Nur was man durch eigene Kraft erringt, hat einen Wert.
Die Geschichte aller Zeiten und die unsrige ganz beson-ders lehrt es, dass diejenigen auch vergessen wurden, welche an sich selbst zu denken vergaßen, welche nicht entschie-den eintraten für ihre Rechte, welche untätig stehen blieben,

indes die anderen um sie her rüstig arbeitend im Dienst des Fortschrittes weiter und weiter schritten.

Unzählige Male ist es schon gesagt worden, dass die Lage der Arbeiter nur verbessert werden kann durch den Willen der Arbeiter selbst, durch ihre eigene Kraft, dass alle unterdrückten Völker nur frei werden können, wenn sie in ihrer Bildung und Entwicklung soweit vorgeschritten sind, dass sie wirklich frei werden wollen – und ganz dasselbe muss man auch in Bezug auf die Frauen wiederholen.

Jene sittliche Charakterstärke, mit welcher Lessing sagen konnte: »Kein Mensch muss müssen!«, ist nicht nur von den Männern, sie ist auch von den Frauen zu fordern, wenn es in Wahrheit besser werden soll, und wenn er sogar betete: »Ich will! Gib mir, o Gott, zu wollen, dass ich will!«, so darf jede Frau durchdrungen von *solcher* Frömmigkeit zum Himmel aufblickend das Wort wiederholen: »Hilf dir selbst und der Himmel wird dir helfen!«, ist ein gutes altes Sprichwort, das sich noch immer bewährt hat und das wir sehr gut zum Motto unsres ganzen Strebens wie auch dieses Werkchens wählen könnten.

Nur die eigene Kraft vermag den Menschen zu adeln, zu erheben, die eigene Kraft, deren Entfaltung und Stärkung Gottes Wille ist, welcher jedes Wesen dazu schuf, dass es alle Fähigkeiten entfalte, die in ihm schlummern, dass es nach freier Entwicklung und sittlicher Vollendung strebe. Wer sich, ohne seine eigene Kraft anzustrengen, in Trägheit und Stumpfheit verharrend, auf anderer und sei es selbst auf Gottes Hilfe verlassen will, der ist verlassen, denn er macht sich derselben unwürdig, er versündigt sich an seinen Mitmenschen, die sich seiner annehmen, ohne dass er es verdient, und versündigt sich noch mehr an Gott selbst, der ihm in seiner Schöpferweisheit Kräfte gab, die er gebrauchen und entwickeln, aber nicht niederhalten und zerstören sollte. Auch für uns gibt es keinen schöneren Trost in jedem Leid, kein beseligenderes Gefühl in jedem Glück, keinen größeren Sporn für unser Streben: als ein unerschütterliches Gottvertrauen, ja, auch wir sind trotz alles Stolzes auf unsere eigene Kraft demütig genug, um fromm zu bekennen, dass es mit ihr allein auch noch nichts getan ist, sondern dass eine höhere Macht beides geben muss: das Wollen und das Vollbringen. Aber wir würden uns scheuen, aufzublicken zu dieser höheren Macht, wenn wir das Bewusstsein in uns trügen, nicht zuvor und zugleich alles getan zu haben, was in unseren Kräften war, um ein uns vorschwebendes Ziel zu erreichen.

Und dieses einfachste Recht der Menschenwürde kann niemand den Frauen vorenthalten, und wo es versucht werden sollte, da müssen sie mit dem ganzen Bewusstsein ihrer sittlichen Würde sich so lange widersetzen, bis denn endlich doch der Sieg der Humanität zu einem allgemeinen wird.

Sobald jedes Mädchen von dem Bewusstsein durchdrungen ist, dass es selbst mit einstehen muss für sein Geschick, sobald wird es auch aufmerksamer über sich selbst wachen in jeder Beziehung und nicht mehr andere für sich denken, handeln und entscheiden lassen – und nur das allein ist eines sittlichen Wesens würdig.

Wenn in irgendeinem verworrenen Zustand eine Entwirrung eintreten soll, so weiß man gewöhnlich nicht, von welcher Seite die Sache zuerst anzufangen sei, oder vielmehr es kommen dabei sehr widersprechende Ansichten zu Tage.

So ist es namentlich mit der durch die Schuld der Jahrhunderte sehr verwickelt gewordenen Frage von der Stellung der Frauen, von ihren Pflichten und Rechten der Fall.

Die einen meinen sehr naturgemäß, man müsse mit der Erziehung der Kinder beginnen.

Die anderen, man müsse an sich selbst beginnen.

Noch andere: Nur durch die Mütter könnten bessere Zeiten kommen – und noch unzählige Mal mehr variiert sich die Ansicht, ob man hierbei überhaupt zunächst die Lage der Frauen bei den arbeitenden Klassen, dem Proletariat, oder in den sogenannten höheren Ständen ins Auge zu fassen und auf welchen Punkt man zuerst seine Aufmerksamkeit zu richten habe.

Nun, ich meine, da die Frage eben eine so brennende, ihre Lösung eine so dringende ist, da sie so viele, ja alle angeht, und wenn auch noch nicht alle von diesem Bewusstsein durchdrungen sind, so sind es doch viele – und da eben diese vielen mithelfen wollen sich und anderen, so möge man nur *überall* zugleich getrost angreifen: ein jedes in seinem Kreis und nach seinem besten Wissen und Gewissen, man wird auf diese Weise am sichersten zum Ziele kommen.

Freilich ist es naturgemäß, mit den Kindern zu beginnen – aber nicht allein dem kommenden Geschlecht, es soll auch schon dem jetzt lebenden geholfen werden. Man muss nicht ganze Generationen aufgeben, die auf den rechten Weg zu leiten noch nicht zu spät ist und die auf ihm schon den Segen stiften können, der sonst erst in jungen Saaten langsam sprießt und zu Früchten reift.

Müssen wir nicht auch erst fragen: Wer soll die Kinder erziehen? Ohne Zweifel: die Mütter. Und wenn nun eben die Mütter selbst noch nicht erzogen, oder wenn sie noch nicht gebildet, oder, was noch schlimmer ist, wenn sie verbildet sind? Was hilft dann unsere Antwort, und wie ist ein hoffnungsreicher Anfang zu machen? Eine Mutter, welche selbst unselbstständig und engherzig ist, selbst in verrosteten Vorurteilen feststeckt, kann auch ihre Kinder nicht vor demselben Fehler bewahren, sie wird im Gegenteil ihn in ihnen hegen und ausbilden.

Wir können und wollen hier keinen pädagogischen Lehrplan geben – aber wir müssen immer und immer wieder darauf aufmerksam machen, dass die größte Verantwortung für das körperliche wie geistige Gedeihen ihrer Kinder auf den Müttern liegt, wie die Töchter namentlich ihrem Einfluss ganz allein überlassen sind und wie Beispiel und Lehren der Mutter – wenn anders nicht schon das Familienleben ein ganz ungesundes und verfallenes ist – ihrem Leben die Hauptrichtung geben.

Die ersten Seelenregungen des Kindes, das Erwachen desselben zum Bewusstsein seines Ich – sie werden stets zuerst von der Mutter erkannt und beobachtet werden, und wehe dann ihr und ihm, wenn sie es auch in dieser Beziehung nicht mit der größten Sorgfalt zu hüten versteht vor jeder Berührung mit Gegenständen und Eindrücken, die dem weichen, sich erst bildenden Stoff zum dauernden Schaden gereichen könnten. Und trotz dem, dass wohl jede Mutter ihr Kind mit inniger Liebe pflegt und sich ihm widmet, trotz dem, dass sie es körperlich vor jedem Unheil zu behüten sucht – trotz dem überlässt sie es oft auf der anderen Seite mit unbegreiflichem Leichtsinn Händen, die sie selbst als nicht zuverlässig kennt, von denen sie nur höchstens erwartet, dass sie es vor einem leiblichen Unfall bewahren. Den Kindermädchen sollte man ein eigenes Kapitel widmen.

Gerade *das* Geschlecht, von dem man behauptet, dass es so viel geringere Fähigkeiten besitze als das andere, gerade das lässt man fast ohne jede Vorbereitung oft an die Erfüllung der schwierigsten Lebensaufgaben gehen! – »Vermiete dich!«, heißt es in den ärmeren Familien zu dem Mädchen, das kaum die Schule verlassen und außer dem genossenen notdürftigen Unterricht nicht das Geringste gelernt hat – und so stößt man das unwissende Geschöpf in die Welt und heißt ihm: »Kindermädchen« werden. Dazu also findet man auch das unwissendste Kind geeignet: zu wachen über ein sich eben erst entfaltendes, unsterbliches Wesen! (…) Man tröstet sich damit, das Kindermädchen sei ja nur da, die Kinder anzuziehen, zu warten, in und außer dem Hause, sie in die freie Luft zu begleiten usw., die Mutter könne ja das alles anordnen und überwachen – sie kann es aber nicht! Sie hält eben ein Kindermädchen, weil es ihre Zeit nicht erlaubt und wohl auch ihre Kräfte es nicht aushielten, die Kinder selbst ins Freie zu tragen, führen oder fahren – aber in diesen oft stundenlangen Abwesenheiten sind die Kinder doch den Mädchen ganz allein überlassen und können hier die schädlichsten Eindrücke in sich aufnehmen (…)! Abschaffung der ganzen Sitte, solche unwissenden und untergeordneten Kindermädchen zu halten, dafür Mädchen zum Dienst bei Kindern wirklich auszubilden, ihnen dann aber auch eine andere Stellung im Hause und zur Familie, die ihr ihre heiligsten Güter anvertraut, einzuräumen und sie nicht als die untergeordnetste Person im ganzen Hause zu betrachten, ist eine unabweisliche Pflicht. Eine Vorbildung hierzu könnten junge Mädchen in Kinderbewahranstalten, Kindergärten und Krippen empfangen, Anstalten, deren Notwendigkeit sich auch immer mehr herausstellt und die aller Orten meist durch die Tätigkeit der Frauen gegründet worden sind und unter ihrer speziellen Leitung und Obhut stehen. Und damit ist wieder ein großer Wirkungskreis den Frauen geöffnet, nur ist auch hier zu wünschen, dass sie nur selbst und nach eigenem Ermessen helfen und wohltun, dass sie sich nicht dabei von anderen, männlichen, namentlich geistlichen Einflüssen einer gewissen Richtung bestimmen und beherrschen lassen, welche so oft geeignet sind, Einrichtungen, die bestimmt sind, humanen Prinzipien zu dienen und sie ins Leben verwirklicht einzuführen, eine ganz entgegengesetzte Tendenz zu geben.

Im Beruf der Kindergärtnerinnen und in der Pflege des Kindergartens ruht ein wichtiges Moment zur Selbsthilfe der Frauen, und es sollte mehr benutzt werden, als es bisher geschehen, da es ja der geniale Gedanke Friedrich Fröbels[22] war: hier die zarten Kinder spielend zu entfalten, den ersten Grund zu künftiger Selbstständigkeit, zu sittlichen Grundsätzen zu legen, die naturgemäße Entwicklung aller Fähigkeiten des Kindes, des ganzen Menschen anzubahnen. Nicht allein Mädchen, die sich dann als Kindermädchen vermieten wollen, nicht allein solche, die sich dem Beruf des Kinder-

---

22 Friedrich Fröbel (1782–1852) war ein deutscher Pädagoge, der als einer der ersten die Bedeutung der frühen Kindheit erkannt und diese Erkenntnis mit der Gründung des »Allgemeinen deutschen Kindergartens« seit dem Juni 1840 durch pädagogische Konzepte (Bildung, Erziehung, Betreuung) auch praktisch umzusetzen versucht hat. Fröbels Geburtstag (21. April) wird heute weltweit als »Kindergarten-Tag« begangen.

gartens ganz zu widmen gedenken, entweder als Gehilfinnen oder als Dirigentinnen und Eigentümerinnen eines Kindergartens, sondern auch andere Mädchen, die dies nicht speziell zu ihrem Beruf wählen, könnten hier lernen und wirken. In Hamburg, wo wie in Leipzig Kindergärten bestehen, welche zugleich Vorbildungsschulen für Kindermädchen und Kindergärtnerinnen sind, ist der Vorschlag gemacht worden, dass alle jungen Damen hier nach vollendeter Schulzeit einen Kursus durchmachen (...). Wir unsrerseits finden diesen Vorschlag für künftige Gouvernanten und Mütter sehr zweckmäßig – aber da einmal nicht alle Mädchen beides werden, so empfehlen wir ihn doch nur da, wo er keinem anderen Lebensberuf hemmend in den Weg tritt. Viel eher möchten Bräute und junge Frauen einen solchen Kursus durchmachen als Mädchen, die vielleicht den natürlichen Beruf verfehlen und von denen wir eben verlangen, dass sie sich auf einen solchen vorbereiten, der ihnen zu einer selbstständigen Existenz verhilft. (...) Wir wollen nicht, dass die Frauen einzig und allein zu Hausfrauen erzogen werden, weil sie dann unglücklich und unfähig für alles sind, wenn sie es nicht werden, und ganz dasselbe gilt von der Erziehung zur Mutter schon im frühesten Lebensalter. Beides kann von jedem befähigten weiblichen Wesen, dessen Anlagen allseitig ausgebildet sind und das so zu sagen Kopf und Herz auf der rechten Stelle hat, nachgeholt werden, sobald es gebraucht wird, während die Vorbereitungen zu einem anderen Beruf, dem man seine Existenz verdanken will, nicht, wie wir schon gezeigt haben, erst da vorzunehmen sind, wo die Notwendigkeit sich selbst zu erhalten wie ein plötzlicher Schrecken die darauf nicht Vorbereiteten überfällt. (...)

Sonach ist das Wichtigste freilich, dass Mütter und Töchter gleicherweise zu der Überzeugung gebracht werden, dass ein Mädchen das vorzugsweise lerne, was ihrem Fortkommen in der Welt am besten nützen kann, das zu Lernende nicht nur als leichten Aufputz, von dem es gleich sei, wie lange er aushalte und welchen Grad er erreiche, betrachte, sondern mit demselben Ernst wie der Jüngling: als notwendige Aufgabe ihres Lebens. Sich selbst zu der Anschauung zu erheben, dass kein Mädchen ihre Jugend mehr nutzlos verschwenden dürfe, dass auch sie einen Selbstzweck habe, dass auch sie sich so vorbereiten müsse, um nicht nur in einem Fall, der vielleicht gar nicht eintritt, sondern auf alle Fälle ein nützliches und niemandem zur Last fallendes Mitglied der menschlichen Gesellschaft zu werden – in dieser Anschauung und ihrer Verbreitung liegt der hauptsächlichste Anfangspunkt der weiblichen Selbsthilfe. Ihr Geltung zu verschaffen, sollte das Hauptbestreben jedes weiblichen Wesens sein, das nicht mehr sich selbst und ihr ganzes Geschlecht dem Spiel des Zufalls preis gegeben sehen will.

Nach dieser Anschauung zu handeln, ist die Selbsthilfe, mit der jedes Mädchen, jede Frau an sich selbst zu beginnen hat. Eine jede, die ohne dafür eine nützliche Gegenleistung zu tun, sich von anderen ernähren lässt, möge dies als dieselbe Schande empfinden, welche der Mann empfindet, und sie möge ihr zu Teil werden wie ihm, der arbeitskräftig ist und doch in Müßiggang und Erwerbslosigkeit seine Tage verbringt. Ist dieser Grundsatz nur allgemein, so werden sich dann weitere Konsequenzen aus ihm entwickeln. Aber er kann sich umso langsamer Bahn brechen, je mehr Vorurteile sich ihm entgegenstemmen. Mit Wort und Tat und eigenem Beispiel muss jede Frau diese bekämpfen, wo immer sie von ihr gefunden werden.

Die Verfasserin ist umso mehr berechtigt, dies zu fordern, als sie ihr ganzes Leben lang nach diesem Grundsatz gehandelt und ihre heiligste Lebensaufgabe in ihm gefunden hat.

Und wenn wir von der Selbsthilfe der Frauen reden, so ist es wohl am Ort, hier einen Blick auf die Gestaltung derselben wie der ganzen Frauenfrage seit den letzten Jahrzehnten zu werfen. Als zu Anfang der dreißiger Jahre eine französische Frau, Aurora Dudevant unter dem Namen Georges Sand, ihre in glühender Sprache geschriebenen Romane gleich Brandraketen in die Welt sandte, die halb verblüfft, halb staunend und halb mäkelnd die neue Erscheinung betrachtete – und als dann später in Deutschland einige Schriftstellerinnen sie nachzuahmen suchten, ohne nur entfernt dem Flug eines Genius folgen zu können, dessen Schwingen sie nicht besaßen – da kam mit der Redensart auch die ganze Frage von der Emanzipation des Weibes in Misskredit, und jeder über die enggezogenen Grenzen des Familienlebens hinausstrebenden Frau blieb beinahe nichts übrig, als sich zuerst feierlich zu verwahren, zu jenen Emanzipierten zu gehören. Damals waren die Bestrebungen der Frauen rein persönlich, sie galten nur der individuellen Freiheit. Die Abhängigkeit der Frauen von den Männern, namentlich in der Ehe, der Widerspruch der hergebrachten Sitten mit der wahren Sittlichkeit, die Ungleichheit der Rechte, in welcher die Frauen nicht allein der bürgerlichen Gesetzgebung gegenüber, sondern auch vor dem Richterstuhl der herrschenden Begriffe von Moral und Pflicht erscheinen – und all' die aus dem Widerspruch der Regungen des Herzens und der Natur mit den üblichen Gebräuchen und bestehenden Anordnungen entspringenden tragischen Konflikte –, dies waren damals die Motive, welche die Frauen mit ihrer Persönlichkeit oder mit ihrer Feder oder mit beiden zugleich auf den öffentlichen Kampfplatz hinaustrieben, auf dem allein derartige Fragen zu lösen sind. Es war ein Kampf der mehr durch das Interesse der eigenen Persönlichkeit als durch eines an der Allgemeinheit angeregt war und der darum auch mehr mit den Waffen der Eitelkeit als der Begeisterung geführt war und mehr darauf hinauslief, diese Persönlichkeit selbst in den Vordergrund zu drängen, statt sie im Dienst der Allgemeinheit freudig zu vergessen oder aufzuopfern. (...)

Es war im Jahre 1844, als in den von Robert Blum[23] redigierten »Sächsischen Vaterlandsblättern« die Frage aufgeworfen ward: »Haben die Frauen ein Recht zur Teilnahme an den Interessen des Staates?« Damals schrieb ich meinen ersten Zeitungsartikel und beantwortete die Frage so: »Die Teilnahme der Frauen an den Interessen des Staates ist nicht allein ein Recht, sie ist eine Pflicht der Frauen.« Ich unterschrieb den Artikel: »Ein sächsisches Mädchen«, und sandte ihn zitternd ab. Als es geschehen war – ich hatte sonst noch nichts als meinen Erstlingsroman veröffentlicht und schrieb nebenher in den von Ernst Keil[24] redigierten »Wandelstern«

23 Robert Blum, einer der populärsten und wortmächtigsten Demokraten, Mitglied der ersten deutschen Nationalversammlung (siehe den Robert Blum-Band dieser Edition), wurde im November 1848 bei seinem (Solidaritäts-)Besuch der Aufständischen in Wien verhaftet und hingerichtet.

24 Ernst Keil war ein deutscher Buchhändler und Verleger oppositioneller Zeitschriften, u.a. »Wandelstern«, »Der Leuchtthurm«, »Die Gartenlaube«.

unter dem Namen Otto Stern, auch nur das männliche Pseudonym wählend, weil eine Schriftstellerin damals kaum wagen durfte, Politik und Kritik zu treiben, wie ich daselbst tat – als es geschehen war, wusste ich in der Tat nicht, ob ich ein Verbrechen oder eine Heldentat begangen, ich wusste nur: dass ich nicht anders gekonnt hatte. Der Artikel erschien mit einer öffentlichen Aufforderung begleitet: mehr in diesem Sinne zu schreiben – ich tat es dort wie in Blum's Taschenbuch »Vorwärts« und nannte mich nun. Was ist nun heutzutage dabei, wenn ein weiblicher Name, sei seine Trägerin nun jung oder alt, in einer politischen Zeitschrift unter den Mitarbeitern steht? Damals ward es aber allerdings aufgefasst von der einen Seite wie ein Verbrechen und von der andern wie eine Heldentat! Fast nie hab' ich so viele Briefe von Fremden voll Zustimmung erhalten wie damals, fast nie aber auch so viele Vorwürfe, Warnungen, Mahnungen von Freund und Feind. Ich war ein junges verwaistes Mädchen und hatte wohl in den Kreisen meiner Kleinstadt wie der nahen Residenz immer für etwas »überspannt« gegolten, und das rettete meinen »Ruf« – als »Unglück« aber ward es doch betrachtet, dass ich mich um öffentliche Angelegenheiten bekümmerte, Tendenzromane schrieb und politische Gedichte als »Lieder eines deutschen Mädchens« herausgab. Und als die politische Bewegung von 1848 eine neue Ära heraufzuführen schien, da war natürlich auch die Bewegung der für die Zeit empfänglichen Frauen eine politische. Zur Zeit der Befreiungskriege von der Fremdherrschaft vor fünfzig Jahren hatte unter den Frauen schon eine ähnliche Begeisterung geherrscht, ein ähnliches Heraustreten einzelner für die Sache der Allgemeinheit: Damals war es geschehen auf

Grund des Patriotismus, 1848 geschah es auf Grund der Politik, der Demokratie. War auch der größte Teil der Frauen auf der Seite jener Fanatiker der Ruhe, welche den Sieg der Freiheitsbestrebungen fast viel mehr erschwerten als selbst die erbittertsten Gegner derselben, und rächte es sich dadurch furchtbar, dass man die Frauen und selbst seitens der dem Fortschritt huldigenden Männer von aller Teilnahme an den politischen Angelegenheiten des Tages ausgeschlossen und sie im Indifferentismus und in Unwissenheit erhalten hatte, so fanden sich doch unzählige begeisterte Frauen, welche der Sache der Demokratie dienten und zugleich für die eigenen, d.h. die weiblichen politischen Rechte das Wort und die Feder ergriffen. Die Sache der Frauen und ihre Stellung war eine Partei-Angelegenheit geworden, und es gab kein vereintes weibliches Wirken, das nicht im Dienst einer Partei geschehen wäre.

Da und dort entstanden demokratische Frauenvereine, die namentlich zur Zeit der niedergeworfenen Erhebung noch voll schöner Hingebung Gutes und Großes unter eigenen Gefahren wirkten. Aber eben darum wurden diese Frauenvereine nur zu bald gewaltsam aufgelöst und damit waren angesichts der immer mehr hereinbrechenden und immer mehr die Gemüter niederdrückenden Reaktion auch alle die Bestrebungen und Interessen wieder verschwunden, an die auch das weibliche Geschlecht sich mit erwachendem Bewusstsein freudig hingegeben hatte. Erging es doch unter der Männerwelt nicht besser – wie hätten die Frauen dem allgemeinen Schicksal, das auf allen lastete, sich entziehen sollen? Ich selbst hatte unter den Einflüssen der politischen Bewegung eine »Frauenzeitung« (von 1849–52) redigiert, welche das Motto trug: »Dem Reich der Freiheit werb' ich Bürgerinnen!« – wer sie nachlesen wollte, könnte sich überzeugen, dass man von vielem, was jetzt wie etwas Neues diskutiert wird, sagen könnte: Dies Alles war schon einmal da! Auch sie fiel natürlich der Reaktion zum Opfer. Aber schon damals oder vielmehr noch früher, schon vor 1848 – und dann erst recht – hatte ich eingesehen, dass, wie damals der sozialistische Ausdruck lautete: auch die Frauenarbeit organisiert werden müsste. Ich hatte einiges im Dienst des Sozialismus, besonders der weiblichen Arbeiterinnen (in Keil's »Leuchtthurm[25]«, außerdem einen Roman »Schloß und Fabrik,« der anfänglich konfisziert ward) geschrieben, und es erschien eines Tages eine Arbeiterdeputation bei mir, um mir ihre Zustimmung zu erkennen zu geben. Es waren Setzer, und sie baten mich, in einer von ihnen eben gegründeten (1847) Zeitschrift »Typographia« mitzuschreiben. Ich tat es und tat es noch weit mehr, als sie sich 1848 in die erste »Arbeiterzeitung« umwandelte. Ich vertrat unter ihnen die Interessen meines Geschlechts. Als in Dresden unter dem Ministerium Oberländer eine Arbeiterkommission zusammentrat, richtete ich an dieses und sie, wie an alle Arbeiter eine »Adresse eines Mädchens«, in welcher ich an das Elend und die Gefahr der Schande erinnerte, in welcher das weibliche Geschlecht schwebt, wenn es ohne Gelegenheit zu loh-

25 »Der Leuchtthurm« wurde 1846 von dem Journalisten und Redakteur Ernst Keil zunächst als Monatsblatt gegründet und erschien ab 1848 als »Wochenschrift für Politik, Literatur und gesellschaftliches Leben«, die zu einem der führenden Blätter der liberalen Opposition wurde. Nach Niederschlagung der Revolution verfügte die Zensur 1851 die Einstellung des Journals; ein Jahr später wurde Ernst Keil als »Staatsverbrecher« zu neun Monaten Haft verurteilt.

nender Arbeit ist und schloss mit den Worten: »Glauben Sie nicht, meine Herren, dass Sie die Arbeit genügend organisieren können, wenn Sie nur die Arbeit der Männer und nicht auch die der Frauen mit organisieren«, ich rief die Arbeiter auf, abzulassen von der Verblendung, mit der einige von ihnen die Mädchen aus den Fabriken und Gewerben und damit in die Schande jagten und fügte hinzu: »Und wenn man überall vergessen sollte, an die armen Arbeiterinnen zu denken – ich werde sie nicht vergessen!« Und ich fand überall ein williges Ohr, bei dem Minister sowohl wie bei einigen Mitgliedern jener Kommission und vor allem bei den Arbeitern selbst, die mir auch dazu die Spalten ihrer Zeitung öffneten und auch sonst vertrauten. Immerhin war es ein harter Kampf, zumal in Sachsen, wo von Gewerbefreiheit noch keine Spur war und der Zunftzwang überall hemmend entgegentrat. Wie viel Tinte hab' ich nicht allein im Interesse der Schneiderinnen verschrieben, die vorerst von den Schneidern angelernt wurden, und bei denen dann alle Augenblicke die Schneider einmal Haussuchung hielten und die vorgefundene Arbeit konfiszierten, weil jene nur auf Arbeit in die Häuser gehen durften! Die Schneider, obwohl sonst immer nur dem Fortschritt huldigend, ja, oft die engagiertesten Demokraten – in diesem Punkt waren sie die schrecklichsten Reaktionäre. Und so ging es in vielen Zweigen der Arbeit: In der Theorie führten die Leute immer das große Wort des Fortschritts, wenn aber einer in seinem Gewerbe sich beeinträchtigt glaubte, so wehrte er sich mit Händen und Füßen dagegen.

Was damals gekeimt und geblüht hatte, verfiel dem Schicksal aller Märzblüten – sie verschneiten wieder –, aber jetzt, wo der Schnee wieder hinweggetaut, kommt alles aufs Neue zum Vorschein (…).

Im Dienst der *Subjektivität* wie im Dienst der *Politik* sind die weiblichen Bestrebungen beendet worden, nicht etwa, um nun am Ende zu sein, sondern um nach Verirrungen und Prüfungen geläutert und erstarkt wieder neu aufgenommen zu werden im Dienst der *Humanität* und des *Sozialismus*.

Die Frage von dem Beruf und der Stellung der Frauen ist nicht anders zu lösen als auf diesem Wege.

Zu Anfang des Jahres 1865 lenkte eine schon etwas früher gegründete und von Hauptmann A. Korn redigierte »Allgemeine Frauen-Zeitung« die Aufmerksamkeit wieder auf diese Angelegenheiten, und zwar geschah dies noch mehr, als derselbe in Leipzig Vorträge über die »Frauenfrage« hielt. In beiden fand sich vieles Gute und Anregende neben manchem Wunderlichen und der Frauennatur Widerstrebenden. Aus letzterem Grunde wollte ich darum lange nichts von einem gemeinschaftlichen Wirken in dieser Richtung wissen und beschränkte mich, dem Herrn Redakteur den Abdruck einiger Artikel von mir in der »Frauen-Zeitung« zu gestatten. Da sich aber andere gleichgesinnte Frauen mit mir zusammenfanden, war ich endlich bereit, mich an der Gründung eines »Frauenbildungsvereins« zu beteiligen (…)

So ward der Frauenbildungsverein in Leipzig gegründet. Gegen einen monatlichen Beitrag erhält jedes Mitglied desselben 3 Billetts, die es verpflichtet ist, an ihm bekannte Arbeiterinnen oder andere Frauen und Mädchen, die nichts für ein edles Vergnügen erübrigen können, zum Besuch der »Abendunterhaltungen« des Vereins auszugeben. Von denselben wurden jährlich 25 veranstaltet und haben darin nur weibliche Personen Zutritt. Unterhaltung und Belehrung wird hier zugleich gewährt, letztere durch einen Vortrag über ein für Frauen der größeren Kreise passendes Thema aus der Geschichte, Natur, Literatur usw., stets mit spezieller Berücksichtigung des Vereinszweckes: Erweiterung des weiblichen Gesichtskreises, Erhebung und Anregung für stille Arbeitsstunden, Erweckung und Stärkung zu freudiger Berufstätigkeit usw., Deklamation klassischer wie neuerer Gedichte, Pianoforte- und Gesangsvorträge, sämtlich von Frauen gehalten. (...)

In die Statuten des Frauenbildungsvereins war ein Paragraf mit aufgenommen worden, nach welchem eine Frauen-Konferenz von deutschen Frauen der verschiedensten Gegenden in Aussicht gestellt ward. Herr Korn suchte dazu in seiner Frauen-Zeitung zu wirken, da aber auf seine alleinige Veranlassung die Sache sehr zweifelhaft schien, so erließ der Vorstand des Frauenbildungsvereins ein die Konferenz betreffendes Zirkular an ihm hierzu geeignet scheinende Persönlichkeiten (...).

Der Vorstand erhielt genügende Anmeldungen, und die Frauen-Konferenz kam also Mitte Oktober in Leipzig zu Stande. Herr Korn hatte dazu sehr umfängliche Vorlagen wie Statuten zu einem »großen deutschen Frauenverein« in seiner Zeitung gebracht, die neben vielem Guten und Richtigen so viel Unausführbares, der Frauennatur Widersprechendes und zugleich Komisches enthielten, dass der Leipziger Vorstand gleich in einer Vorkonferenz mit Herrn Korn dasjenige strich, was zu dem Komischen gehörte (wie die projektierten Orden usw.), anderes aber abzuändern der allgemeinen Konferenz überließ. (...)

Wir lassen hier einen kleinen Bericht aus der Leipziger Mitteld. Volks-Ztg., die, in Leipzig erscheinend, gleich der gesamten Leipziger Presse ihren Berichterstatter bei der Konferenz hatte, folgen: »Die erste deutsche Frauen-Konferenz ward am Abend des 15. Octbr. 1865 im Saal der Buchhändlerbörse gleich dadurch unter glücklichen Auspizien eröffnet, dass der Gesangverein des Arbeiterbildungsvereins erschien, um in einem ermutigenden Gesang die anwesenden Frauen zum Beginn ihres Werkes zu begrüßen. Hierauf eröffnete Frau Louise Otto-Peters (Verf. dieser Schrift) die Versammlung. Sie sprach den zur Konferenz sowohl aus Leipzig als auch aus der Ferne herbeigeeilten Damen den wärmsten Dank aus und sagte dabei unter anderem: »Sie haben durch Ihr Erscheinen hinreichend bewiesen, dass Sie da kein kleinliches Bedenken kennen, wo es gilt, sich an ein größeres Interesse dahinzugeben. Sie bezeugen dadurch, dass Sie nicht allein unserem Ruf, sondern vielmehr noch, wie es ja des Weibes edelste Art ist und immer bleiben soll, dem Rufe *Ihres eignen Herzens* gefolgt sind. Sie fühlten und erkannten längst gleich uns, dass etwas geschehen müsse, den Wirkungskreis der deutschen Frauen zu erweitern, und Sie sahen sich schon längst nach einem Mittel und Wege dazu um. Darum sind Sie jetzt, wo wir es gewagt haben zu einer gemeinsamen Beratung über diese Mittel und Wege aufzufordern, bei uns erschienen, und schon durch dies Kommen allein beweisen Sie, dass wir auf Ihren ernsten Willen, Ihre Begeisterung für unsere Sache zählen können. Denn die Bedenklichen, die Begeisterungslosen, die Unentschiedenen, die Vorsichtigen, alle, die dem beliebten Prinzip des Abwartens huldigen, jenem Prinzip, das, wenn es wirklich das herrschende wäre, die Welt zu einem ewigen Stillstand verdammte – diese sind natürlich zu Hause geblieben und werden erst später zu uns kommen, werden kommen, da Sie, verehrte Anwesende, ja gekommen sind. Darum dank' Ihnen, dass Sie ein würdiges Beispiel gegeben haben – Ihr Kommen ist eine mutige Tat; denn es ist der erste Schritt zu unserem Ziele! – Dank auch den Männern, die nicht, wie so viele, nur den Fortschritt der einen Hälfte des menschlichen Geschlechtes, sondern die den Fortschritt der ganzen Menschheit wollen und darum auch die Frauen nicht ausschließen von der gleichen Bahn. Dank besonders auch den Mitgliedern des Arbeiterbildungsvereins, die unserem Wirken schon so oft ihre Teilnahme bezeigten. Wie die Arbeiter überhaupt die Stütze der Nationen sind, so erfüllt es uns mit gerechtem Stolze, gemeinsam mit ihnen zu wirken.« Mit dem Dichterwort: Nur die Begeisterung allein hat Wert/ Die niemals weicht – nur reiner sich verklärt! erklärte die Rednerin die Frauenkonferenz für eröffnet. (…).

In der ersten Sitzung der Frauenkonferenz, 16. Octb. morgens im Schützenhaus wurde Frau Otto-Peters zur Präsidentin, Frau Schönwasser aus Düsseldorf zur Vizepräsidentin gewählt (…).« Nach weiteren lebhaften Debatten lautet die einstimmig angenommene Resolution:

1. Wir halten es für ein unabweisbares Bedürfnis, die weibliche Arbeit von den Fesseln des Vorurteils, die sich von den verschiedensten Seiten gegen sie geltend machten, zu befreien. Wir halten in dieser Hinsicht neben der Agitation durch Frauenbildungsvereine und die Presse, die Begründung von Produktiv-Assoziationen, welche den Frauen vorzugsweise empfohlen werden, die Errichtung von Indus-

trie-Ausstellungen für weibliche Arbeitserzeugnisse, die Gründung von Industrieschulen für Mädchen, die Errichtung von Mädchenherbergen, endlich aber auch die Pflege höherer wissenschaftlicher Bildung für geeignete Mittel, dem Ziele näher zu kommen.

2. Die Konferenz beauftragt den ständigen Ausschuss des Frauenvereins, sich mit diesen Punkten eingehend zu beschäftigen, die nötigen Vorbereitungen zu treffen und der nächsten Frauen-Versammlung das Material vorzuführen, auf Grund dessen definitive Beschlüsse zur Ausführung der gedachten Maßnahmen erfolgen können. In der zweiten Sitzung am folgenden Tage ward das vom Redaktionskomitee redigierte Statut des Allgemeinen deutschen Frauenvereins beraten und angenommen. Es lautet:

§ 1. Der »allgemeine deutsche Frauenverein« hat die Aufgabe, für die erhöhte Bildung des weiblichen Geschlechts und die Befreiung der weiblichen Arbeit von allen ihrer Entfaltung entgegenstehenden Hindernissen mit vereinten Kräften zu wirken.

§ 2. Frauen und Mädchen, welche die Großjährigkeit erreicht, erlangen die Mitgliedschaft durch Eintrittserklärung, eine einmalige Eintrittsgebühr von 1/2 Taler und einen jährlichen Beitrag von 2 Talern. Jüngere Mädchen können gegen einen Jahresbeitrag von 1 Taler als Zuhörerinnen ohne Stimmrecht zugelassen werden und an allen Vorteilen der Vereinigung teilnehmen. Männer, die sich für die Zwecke des Vereins interessieren und dies betätigen, können als Ehrenmitglieder mit beratender Stimme aufgenommen werden, ebenso solche Frauen im Ausland, die für die Frauensache in rühmlicher Weise tätig waren.

§ 3. Die Einnahmen bestehen a) aus den Jahresbeiträgen der Mitglieder, b) aus den freiwilligen Beiträgen der Männer, c) aus den Erträgen von Abendunterhaltungen, Konzerten, Lotterien usw.

§ 4. Die Mitglieder, welche in einzelnen Orten in größerer Zahl wohnen, sind dringend eingeladen, Lokalvereine zu bilden, welche mit dem Vorstande in regem Verkehr zu bleiben haben.

§ 5. Mit der Leitung wird ein Vorort beauftragt, der jedes Jahr wieder ernannt werden kann. Am Vorort wird ein Vorstand, der die laufenden Geschäfte zu besorgen hat, aus fünf Mitgliedern bestehend, bestellt. Der Vorstand kann auch männliche Ehrenmitglieder beiziehen; sie haben beratende Stimme. Der Vorstand bildet mit zehn auswärtigen Mitgliedern den weiteren Ausschuss, der in wichtigen Fragen zusammenberufen wird und sich andere Mitglieder kooptieren kann. Der Vorstand und Ausschuss werden jedes Jahr neu gewählt.

§ 6. Womöglich tritt jedes Jahr ein vom Vorort einberufener Frauentag zusammen; der Sitz desselben wechselt jährlich. Die Lokalvereine sind gehalten, zu dem Frauentag Vertreter zu schicken. Doch steht die Teilnahme jedem einzelnen Mitgliede des allgemeinen deutschen Frauenvereins frei.

§ 7. Eine Revision der Statuten kann, wenn sie wünschenswert erscheint, an jedem Frauentag vorgenommen werden, jedoch sind zu jeder Änderung 3/4 der Stimmen der Anwesenden erforderlich.

Zum Vorstand wurden bei der Gründung erwählt:
Louise Otto-Peters. Auguste Schmidt. Ottilie v. Steyber. Alwine Winter. Anna Voigt. (...)

Wie klein auch der im Stillen fortwachsende »Allgemeine deutsche Frauen-Verein« noch sein mag: Seine Gründung ist dennoch von äußerster Wichtigkeit, denn nur in dem Losungswort: »Alle für Eine und Eine für Alle« kann die Förderung gemeinsamer Bestrebung, die Wahrung gemeinsamer Interessen gefunden werden.

Geschrieben von einzelnen und fast auch wieder nur von einzelnen gelesen, war schon so manches über die Stellung der Frauen, ihre Rechte und Pflichten, aber nur äußerst gering waren die dadurch erzielten Resultate in Bezug auf das Eingreifen in die Lebensverhältnisse der Gegenwart. Was Einzelne hinter ihren Schreibtischen sitzend schreiben und andere im stillen einsamen Stübchen oder selbst im Familienzimmer lesen und beifällig aufnehmen, das bedarf, um wirklich ins Leben eingreifen zu können, wirklich zu einer Veränderung bestehender Zustände zu führen, doch noch eines anderen Weges als den der Presse. Die Presse ist bei jedem Fortschritt nur der erste Pionier, nur der Führer und Fahnenträger – aber den Voranschreitenden müssen andere folgen, die handelnd und tätig mit eingreifen im Dienst der Idee, sonst gelangt sie nicht zum Sieg, nicht zur Realisierung durch das Leben. (...) Es ist durch die Frauen-Konferenz auch an die *öffentliche Meinung* appelliert worden – und es hat sich gezeigt, dass dieselbe, weit mehr, als dies früher der Fall, ja, als zu erwarten war, auf der Seite der Frauen steht. Der Versuch, die Frauen-Konferenz lächerlich zu machen, der sehr zu fürchten war, ist doch nur wenig gewagt worden – die meisten Blätter haben ihr beigestimmt, und die Feinde der Sache haben wohl eingesehen, dass diese selbst ihnen zu groß geworden, um sie mit ein paar leichtfertigen Witzen abzutun.

Es ist ein großes, heiliges Prinzip in der Weltgeschichte, dass alles Neue, und wenn es noch so lebensfähig, wenn es noch so wohlvorbereitet in die Welt tritt, seine Gegner findet in den Anhängern des Alten, in denen, welche von keinem Vorwärts, keinem Streben danach etwas wissen wollen. Solche Gegner findet natürlich auch der Frauenverein, und alles, was mit ihm zusammenhängt, er findet sie wie jede ähnliche Bewegung der Neuzeit, deren Streben darauf gerichtet ist, die alte Welt immer mehr zu erlösen von jedem Bann, von jedem Druck, der das rastlos rollende Rad der Zeit zum Stillstand zwingen will. Aber eine solche Gegnerschaft ist ja nur eine Anerkennung der weiblichen Wirksamkeit mehr, sie kann sie nicht hindern, sondern muss sie fördern, weil jeder Kampf die Kräfte der Streitenden übt und erstarken macht!

Die Frage der »Frauenarbeit« und »Frauenbildung« ist seitdem mächtig in den Vordergrund getreten. Keine Zeitung nimmt man in die Hand, kein Verein, keine Volksversammlung findet statt, in der nicht diese Frage diskutiert würde – sei's im Sinne des Fortschrittes, sei's in dem des Stillstandes, ja der krassesten Reaktion: Sie von sich zu weisen, zu ignorieren, wie es so lange halb bewusst, halb unbewusst geschehen, wagt niemand mehr, ja, es kommt sogar vor, dass diejenigen, welche dies früher taten, sich jetzt stellen, als wären sie stets durchdrungen gewesen von der Notwendigkeit einer Lösung dieser Frage.

Uns ist jede Bestrebung willkommen, die diesem Ziele gilt, möge sie ausgehen, von wem sie immer wolle, möge sie Hand in Hand gehen mit dem Allgemeinen deutschen Frauenverein oder ihn ignorieren: Wir sehen alles mit Freuden geschehen, was geschieht, um die Frauenfrage ihrer Lösung immer näher zu führen. An der Überzeugung aber halten wir fest, dass ihre wirkliche Lösung nur gefunden werden kann *durch die Frauen selbst, durch ihren eignen Willen und ihre eigene Kraft*, dass jede andere Lösung nichts ist als ein Präservativ, das nur auf kurze Zeit helfen kann, dann aber doch wieder als unnütz beiseite geworfen werden muss.

Das Recht der freien Selbstbestimmung ist das heiligste und unveräußerlichste jedes vernunftbegabten Wesens – wer sich dasselbe rauben lässt, wer freiwillig darauf verzichtet, der versündigt sich an seiner eigenen Menschenwürde, und es bewährt sie nur, wer freudig seine Kraft einsetzt, jenes Recht zu bewahren oder sich zu erringen, wo man es ihm noch nicht gegeben oder wo man es ihm genommen hat.

Auch die Frauen dürfen nur *wollen*, so muss ihnen *werden*, was sie wollen! (…)

VI. Fortschritte und Aussichten weiblicher Erwerbstätigkeit

Künstlerinnen und Schriftstellerinnen. Weibliche Ärzte. Lehrerinnen und Kindergärtnerinnen. Handels-, Ökonomie- und Industrieschulen. Eintritt in das Handwerk. Fabrikarbeiterinnen.
Haben wir in dem Vorhergehenden die Notwendigkeit gezeigt, dass auch die Frauen selbstständig werden, Gelegenheit zu nützlicher Tätigkeit, zur Arbeit und zum Erwerb finden müssen, so wollen wir nur noch in der Kürze andeuten, auf welchen Gebieten sich ihnen zunächst Aussichten dazu eröffnen.

Vom Gebiet der Kunst, das dem weiblichen Geschlecht schon immer offenstand, könnten wir billig absehen, denn hier ist wenigstens in einigen Zweigen ihre Berechtigung

156

eine so ziemlich dem männlichen Geschlecht gleiche. (…)
Auf musikalischem Gebiet ist also die Gleichstellung der
Geschlechter wenigstens teilweise vollzogen und man kann
die Konservatorien für Musik sehr gut als Musteranstalten
denen entgegenhalten, welche z. B. die Frauen nur deshalb
von höheren wissenschaftlichen Studien ausschließen wollen,
weil sie gemeinschaftliche Lehranstalten für unmöglich
halten. Was in einem Konservatorium geht, kann auch in
anderen Fächern gehen! Es können außerdem auch an höheren Lehranstalten sehr gut Sektionen für Mädchen errichtet
werden (…) Mit den Kliniken, in welchen Chirurgie gelehrt
wird, sind sehr häufig Institute für Hebammen verbunden.
Die Frauen, die sich diesem äußerst wichtigen Beruf widmen,
gehören doch meist den Ständen an, in denen die Mädchen
gerade keinen sorgfältigen Unterricht genießen, sie kommen
also meist ohne alle Vorkenntnisse in die Anstalt – dennoch
versichern sachkundige Ärzte, dass sie sehr bald ihre Aufgabe
begreifen und das keineswegs leichte Examen fast immer
zur Zufriedenheit, oft glänzend nach einem verhältnismä-
ßig sehr kurzen Lehrkursus bestehen. Was also in diesem
einen Zweig medizinischer Studien erreicht werden kann,
wird wohl in jedem anderen auch zu erreichen sein. Man
könnte mit solchen Kliniken z. B. Sektionen für Orthopädie
für Damen verbinden, ein Berufszweig, der sich nicht minder
für die Frauen eignet (…). Jedes weibliche Wesen wird sich
besonders in Fällen, wo eine Besichtigung des Körpers nötig
ist, wie bei Verkrümmungen, lieber von einer Geschlechts-
genossin untersuchen und behandeln lassen; und ganz aus
demselben Grund als eine Forderung der Weiblichkeit sind
weibliche Ärzte auf das dringendste zu wünschen. In Ame-

rika sind dieselben längst üblich, und die Frage: ob die Frauen auch dazu befähigt sind, ist schon keine Frage mehr. Wenn man als Schwierigkeit des weiblichen Studiums derselben will geltend machen, dass zu viel Überwindung des Schamgefühls erfordert werde, wenn Mädchen von Professoren sich über den menschlichen Körper sollen gründlichst unterrichten lassen, so halten wir einmal wieder entgegen: warum man dies nicht auch bei den Hebammen fragt? Und dies wäre eben nur eine Frage für die Zeit des Überganges, denn gibt es einmal weibliche Ärzte, so wird es unter diesen auch solche geben, welche ihre Geschlechtsgenossinnen lehren können. Aber auch ganz abgesehen davon ist jenem Einwurf doch damit zu begegnen: Wenn es schlimm ist, dass einzelne Frauen im Dienst der Wissenschaft ihr Schamgefühl unterdrücken müssen, ist es denn dann nicht tausendmal schlimmer, wenn alle Frauen im Dienst ihrer Gesundheit dies zu tun verdammt sind? Gerade um die Frauen von solcher Notwendigkeit zu befreien, wünschen wir weibliche Ärzte, und die Borniertheit des Vorurteils gegen einen solchen Fortschritt zu edler Sittlichkeit zeigt sich gerade hier in schlagender Weise. Es dürfen – im Durchschnitt – nicht zehn etwas »Unweibliches« tun, besser ist es, wenn dafür alle sich das Unweiblichste gefallen lassen! Es schadet der Sitte, wenn ein Mädchen anatomische Vorlesungen hört – das aber schadet nicht, wenn in der Klinik die schwangeren und gebärenden Frauen, wovon viele gleichzeitig in einem Saal sich befinden, von einer Schar junger studierender Männer untersucht und beobachtet werden (…).

Eine Hochschule nur für Frauen war schon 1849 in Hamburg gegründet worden – aber in den Jahren der Reaktion musste auch sie wieder verschwinden, wie alles, was dem Fortschritt huldigte und von Männern und Frauen des Fortschritts gegründet worden war.

Dafür sind wenigstens allerorten Lehrerinnenseminare entstanden, und diejenigen Mädchen, welche sich dem Lehrstande widmen, haben nicht mehr nötig, nur Gouvernantenstellen anzunehmen, um darin zu wirken, sie werden fast in allen deutschen Staaten zum Examen zugelassen und nicht nur an Privat-, sondern auch an städtischen Schulen angestellt. In Mädchenschulen den Unterricht von Frauen, welche die nötige Befähigung besitzen, erteilen zu lassen, stellt sich allgemein als zweckmäßiger heraus, und voraussichtlich wird die ganze Angelegenheit noch diese Wendung nehmen. Da die Schullehrer bekanntlich fast überall so schlecht gestellt sind, dass ein Mann meist in jeder andern Branche bessere Aussichten für die Zukunft hat, so widmen sich, seit dem letzten Jahrzehnt namentlich, viel weniger Jünglinge diesem Beruf, als Lehrer gebraucht werden, und man wird bei der Verbesserung und Verallgemeinerung des Unterrichts in Zukunft immer noch mehr brauchen, und so kommt hier die Notwendigkeit den Frauen zu Hilfe: Der Staat sieht sich, gleich den Privatanstalten, genötigt, Frauen anzustellen, weil die Männer nicht ausreichen (...).

Durch Gründung der Kindergärten ist ferner unzähligen Frauen ein passender Wirkungskreis eröffnet worden. Wie der Gründer derselben, Friedrich Fröbel, dieser wichtigen Angelegenheit die Tatkraft und Begeisterung eines ganzen Lebens widmete, so ward sie mit gleicher Begeisterung von seinen Schülerinnen aufgenommen und verbreitet. Da es vorzüglich die deutsch-katholischen Gemeinden waren, die diese Angelegenheit zuerst mit zu der ihrigen machten, und Fröbel's ganzes System darauf beruht, die Kinder zu gesunden und selbstdenkenden Wesen zu erziehen, so war es ebenso naturgemäß, wenn die Kindergärten derjenigen Partei ein Dorn im Auge waren, der nichts so verhasst ist, als wenn die Zahl der Selbstdenker unter den Staatsbürgern sich mehrt. Diese Partei bot demnach alles auf, die Kindergärten zu hemmen und zu unterdrücken, und wir hatten das erhabene Schauspiel eines Kampfes der Ultramontanen und Genossen mit Kindern und schutzlosen Frauen. Die Kindergärtnerinnen jener Reaktionsperiode haben in der Tat ein Märtyrertum durchgemacht, das dem vieler um ihrer Gesinnung verfolgter Männer jener Zeit vollkommen ebenbürtig ist. Die Kindergärten wurden polizeilich verboten, und die Vorsteherinnen derselben sahen sich plötzlich ohne Existenz; auch diejenigen, welche durch Unterricht und Vorträge Kindergärtnerinnen bildeten, mussten aufhören zu lehren, und es fehlte nicht an Maßregelungen der mannigfaltigsten Art. Aber es ist auch damit gegangen wie mit anderen Hemmungen des Fortschritts: Jetzt gibt es an unzähligen Orten Kindergärten, und bald wird es keine Stadt und kein Städtchen mehr ohne einen solchen geben, ja, der Fortschritt wird dadurch noch größer, als man auch an die Kleinkinderbewahranstalten Kindergärtnerinnen als Lehrerinnen beruft. Dies ist gewiss ein Wirkungskreis, der kein Mädchen ihrer »natürlichen Bestimmung« entfremdet. Eine Kindergärtnerin wird, wenn sie selbst Gattin und Mutter wird, auch die beste Erzieherin und Behüterin eigener Kinder sein (...).

Wie es schon jetzt in vielen Geschäften Ladenmädchen und Verkäuferinnen gibt, und wie es sich in den Artikeln für

Frauen, den Modemagazinen, Schnittgewölben usw. kaum anders geziemt, so gestattet die Gewerbefreiheit, die ja nun fast überall in Deutschland eingeführt, den Frauen auch selbstständig Geschäfte zu eröffnen und zu führen. In Leipzig ist eine Handelsschule für Mädchen gegründet worden, in der sie nach einem zweijährigen Kursus und glücklich bestandenem Examen so weit befähigt entlassen werden, um nun Stellen nicht nur als Verkäuferinnen, sondern auch als Buchführerinnen, Korrespondentinnen usw. in jedem Comptoir übernehmen zu können (…).

Eine Ökonomieschule zur praktischen und höheren Ausbildung für Mädchen, die sich der Landwirtschaft widmen wollen, ist in Quedlinburg gegründet worden, von einer Dame, die Mitglied des Allgem. deutsch. Frauenvereins ist.

In Frankreich sind die Frauen nicht nur schon längst in den Comptoiren der Kaufleute tätig, sondern auch in den Büros der Eisenbahnen, der Telegraphen und der Post. Jetzt endlich denkt man auch in Deutschland daran, dies zu tun, und namentlich gehen hier Sachsen und Württemberg mit gutem Beispiel voran. Etwa seit Jahresfrist fordern die sächsischen Behörden die Mädchen zum Telegraphen- und Postdienst auf, sie haben ein Examen zu machen gleich den Männern und werden dann angestellt; Telegraphistinnen gibt es schon viele, in Bezug auf die Post ist die Sache noch neuer. In Dresden ist bereits eine Lehranstalt gegründet worden, welche Mädchen zu diesen Fächern vorbereitet. (…)

Industrieschulen für Mädchen würden wohl das beste Mittel sein, sie für das Handwerk zu bilden. Es ist hier wie bei dem Studium der Medizin: Die Schwierigkeit liegt nur im Anfang – es müssen auf jedem Gebiet sich erst weibliche

Winkelriede finden, die den anderen eine Gasse brechen und die feindlichen Speere nicht scheuen. Dann werden sich Werkstätten von Frauen finden, in denen wieder nur Mädchen ihre Lehrzeit durchmachen. Es ist Hoffnung vorhanden, dass der Frauenverein in Hamburg mit Gründung einer Industrieschule vorangehe.

Wie sich aber der meisten Handwerke die Fabrikindustrie bemächtigt hat, so dürfen auch die Frauen, auch die gebildeteren nichts Anstößiges mehr darin erblicken, für Fabriken nicht nur zu Hause, sondern, wo es erforderlich ist, auch in den Fabriken, selbst in geschlossenen Etablissements eine bestimmte Zahl Tagesstunden zu arbeiten. Nicht nur im industriellen Amerika tun dies die Frauen – Fabrikarbeiterinnen, die man »Lady's« nennt –, die meist zu Wagen in die entfernte Fabrik geholt werden, wo man ihnen mit all der Achtung begegnet, die das weibliche Geschlecht überhaupt dort genießt, sondern auch in der benachbarten deutschen Schweiz verbindet man mit dem Begriff »Fabrikarbeiterin« nicht den einer armen und unwissenden Proletarierin, sondern man ehrt in ihnen selbstständige Jungfrauen, die Töchter guter Familien, die es für ehrenvoller halten, durch passende Arbeit sich ihre Existenz selbst zu sichern, als durch Nichtstun ihren Angehörigen zur Last zu fallen (...).

In Leipzig besteht auch in einer großen Druckerei schon seit Jahren ein Institut für Setzerinnen, die in einer von den Männern gesonderten Offizin arbeiten.

Wir erwähnten schon einmal vorübergehend, wie unter den Fabrikarbeitern teilweise die Angst herrsche vor der Konkurrenz der Frauen, wie es schon 1848 an manchen Orten geschehen, dass die Arbeiter die Frauen aus den Fabriken vertrieben. Neuerer Zeit hegt man da und dort ähnliche Gedanken, ja es ist – von den Lassalleanern – der Grundsatz aufgestellt worden: »Die Lage der Frau kann nur verbessert werden durch die Lage des Mannes.« Dies ist der aller Gesittung und Humanität Hohn sprechende Grundsatz, den unsere ganze Anschauung und diese Schrift bekämpft. Gerade die Partei, die von »Staatshilfe« sich so viel verspricht, die das allgemeine Stimmrecht fordert, schließt von allen ihren Bestrebungen die Frauen aus – dadurch beweist sie, dass sie ihr Reich der Freiheit, d. h. »die Herrschaft des vierten Standes« gründen will auf die Sklaverei der Frauen. Denn wer nicht frei für sich erwerben darf, ist Sklave. Aber das ist Gott sei Dank nur der eine, der kleinere Teil der Arbeiter; der größere hat in der Arbeiterversammlung zu Stuttgart auch der Frauenarbeit das Wort geredet und später der Frauenkonferenz zugestimmt; auch seine Organe, wie Arbeitgeber, Arbeiterzeitung usw., sind auf der Seite der Frauenarbeit.

Und es ist unbegreiflich, wie jemand mit sehenden Augen nicht auf dieser Seite sein kann! Selbst wenn man annehmen wollte, es entstände eine Konkurrenz, es würden manche Männer weniger Arbeit und Verdienst haben als jetzt durch das Angebot weiblicher Arbeitskräfte – nun so bleibt es ja ganz gleich, ob Männer oder Frauen feiern und hungern. Die Anforderung auf Brot haben sie doch miteinander unbestreitbar gemein! Und wenn die Männer nicht mehr nötig haben, für ihre Frauen, Töchter und Mütter Brot zu verschaffen, so haben ja gerade sie von der Einführung der Frauenarbeit den größten Vorteil – wie denn alle unsere Frauenbestrebungen ja gar nicht geschehen, wie auch ein Teil unserer Gegner lächerlich behaupten will: in Feindschaft und als Kriegserklärung gegen die Männer, sondern umgekehrt: Weil es jetzt nicht mehr möglich ist, dass zwei Hände allein genug arbeiten und verdienen können, um ein ganzes Leben lang eine ganze Familie zu ernähren. Von diesem Druck, dem härtesten den es gibt, dem der Nahrungssorgen, von Verhältnissen, in denen es zum Verbrechen wird, einmal Zeit und Kraft einem Unternehmen zu widmen, das vielleicht der ganzen Menschheit zugutekommt, gewiss aber der Familie nichts einbringt – von diesem Druck wollen wir die Männer so gut dadurch erlösen, wie wir uns selbst von dem Druck der Abhängigkeit erlösen wollen, indem wir eine naturgemäße Teilung der Arbeit fordern für Mann und Frau (…).

ANHANG

BIOGRAFISCHE NOTIZ

Gedenktafeln in Leipzig und Meißen erinnern an sie, es gibt Straßen, Plätze und Schulen, die nach ihr benannt sind, es gibt seit 1993 eine »Louise-Otto-Peters-Gesellschaft« und seit 2015 einen von der Stadt Leipzig verliehenen (mit 5 000 € dotierten) »Louise-Otto-Peters-Preis«, der an Personen und Organisationen vergeben wird, die sich »für die Förderung der Gleichstellung von Männern und Frauen in besonderem Maße engagieren« – und dennoch ist die Frau, der all diese erst in jüngerer Zeit erfolgten Ehrungen gelten, weil sie zu den wichtigsten Initiatorinnen der ersten organisierten deutschen Frauenbewegung gehörte, weithin unbekannt, auch unter Frauen; selbst innerhalb der sich 1968 neu formierenden Frauenbewegung in Deutschland war Louise Otto-Peters zunächst ein unbeschriebenes Blatt, wie die Filmemacherin Helke Sander in ihrem Vorwort eindrücklich schildert.

Dass der im 19. Jahrhundert von Otto-Peters begründeten Frauenbewegung immer wieder gern das Attribut »bürgerlich« – gewissermaßen als »Makel« – angeheftet wird, ist zwar durchaus treffend, aber nicht gerecht; die Arroganz der Nachgeborenen neigt dazu, die historischen Umstände auszublenden. Ja, Louise Otto-Peters war keine Louise Aston[26] oder Clara Zetkin, die für eine radikale Gleichstellung von Mann und Frau eintraten; sie war und blieb ein »Kind ihrer Zeit« und stellte die »natürlichen« Unterschiede der Geschlechter und das darauf beruhende, vorherrschende Geschlechtsrollenverständnis nicht grundsätzlich infrage. Umso höher ist ihr emanzipatorisches Wirken zu bewerten.

Louise Otto wurde am 26. März 1819 als jüngstes von fünf Kindern der Eheleute Fürchtegott Wilhelm Otto und Charlotte Otto (geb. Matthäi) im sächsischen Meißen geboren; der einzige Bruder und die älteste Schwester starben früh. Die verbliebenen drei Schwestern wuchsen in einem wohlhabenden, bürgerlich-liberalen Umfeld auf. Der Vater, ein Gerichtsdirektor und Senator, legte Wert auf Bildung und regte seine Töchter früh zum Lesen an, selbst Tageszeitungen gehörten zur regelmäßigen Lektüre der Frauen im Haushalt Otto – eine für die damalige Zeit recht ungewöhnlich politische Bildungspraxis.

Neben der Schule erhielt Louise zusätzlichen Unterricht von einem Hauslehrer, vor allem in Geschichte und Literatur, der sie bald für die Schriften etwa von Jean Paul oder Friedrich Schiller begeisterte. Doch das Glück des organisierten Lernens währte nicht lange. Der Zugang zu höheren Schulen blieb den Mädchen verwehrt; mit 15, 16 Jahren, in der Regel mit der Konfirmation, war die Schulzeit auch für die Töchter des Bürgertums beendet, denn, so der Tenor der Zeit: Die Bildung sollte »bei Mädchen niemals in Wissen-

---

26 Siehe den Louise Aston-Band dieser Edition.

schaft ausarten, sonst hört sie auf, zarte weibliche Bildung zu sein«[27]. Für die Töchter des Bürgertums galt als Berufsziel die Führung eines standesgemäßen Haushalts – dagegen wird Louise später zu Felde ziehen.[28]

Aber zunächst endet auch das familiäre Glück. Im Herbst 1835 – Louise ist gerade 16 Jahre alt – stirbt der Vater, wenige Monate später auch die Mutter, beide erliegen einer Lungenerkrankung (vermutlich Tuberkulose). Dank des Familienerbes kann die nun Vollwaise mit ihren Schwestern und unter der Obhut einer Tante die nächsten Jahre im Haus der Familie verbleiben. Aber das »Erwachsenwerden« muss sich nun beschleunigen, denn das Familienvermögen ist ohne die Einnahmen des Vaters bald aufgebraucht. Und so wird Louise früh mit einem typischen »Frauenproblem« jener Zeit konfrontiert. Wie bestreitet eine gut erzogene und gebildete »Bürgerstochter« ihren Lebensunterhalt? Klar, die erste und übliche Option ist Heirat. Tatsächlich verlobt sich die junge Frau 1840 mit dem Dresdner Advokaten und Dichter Gustav Müller, der jedoch kurz darauf verstirbt; ein weiterer herber Einschnitt in ihrem Leben. Und die zweite Option? Da bleibt für eine Frau ihrer Bildung, will sie halbwegs selbstständig bleiben, praktisch nur die Schriftstellerei, der sie sich nun, nach ersten tastenden Dichtversuchen, verstärkt zuwendet.

27 Raumer, Karl von: Die Erziehung der Mädchen, Stuttgart, 1853, Nachdruck Paderborn 1988, S. 82.

28 In Paragraf 1 der Statuten des 1865 von ihr gegründeten »Allgemeinen Deutschen Frauenvereins« wird es heißen: Der Verein »hat die Aufgabe, für die erhöhte Bildung des weiblichen Geschlechts und die Befreiung der weiblichen Arbeit von allen ihrer Entfaltung entgegenstehenden Hindernissen mit vereinten Kräften zu wirken«.

Ihren »Stoff« findet sie zunächst vor allem auf Reisen. Als sie 1840 ihre inzwischen verheiratete Schwester Antonie in Oederan besucht, lernt sie die Not der Klöpplerinnen und Weberinnen sowie das Elend des Industrieproletariats im Erzgebirge kennen. Kurz darauf veröffentlicht sie, dreiundzwanzigjährig, die Romane »Ludwig, der Kellner« (1842) und »Kathinka« (1843), in denen sie ihre Eindrücke verarbeitet – und bereits hier sowohl für die Rechte der Arbeiter als auch für eine gemäßigte Frauenemanzipation eintritt. Mit dem Honorar ihrer Bücher unternimmt sie – äußerst ungewöhnlich zu ihrer Zeit und von ihrer Umwelt gar als »anstößig« empfunden – eine unbegleitete Reise durch Deutschland, die sie erst sehr viel später (1876) in ihrem Buch »Frauenleben im Deutschen Reich. Erinnerungen aus der Vergangenheit mit Hinweisen auf Gegenwart und Zukunft« schildert.

Wichtiger noch waren die Kontakte, die sie auf dieser Reise knüpfte, namentlich ihre Bekanntschaft mit Ernst Keil und Robert Blum in Leipzig, die sie veranlassten, zunehmend auch tagespublizistisch tätig zu werden. Als Robert Blum in seinen »Vaterlandsblättern« 1843 die Frage aufwarf, ob Frauen ein Recht zur Teilnahme an den Interessen des Staates hätten, schrieb Louise Otto einen zunächst anonymen Leserbrief – unterzeichnet mit »Ein sächsisches Mädchen« –, in dem sie unmissverständlich festhielt: »Die Teilnahme der Frauen an den Interessen des Staates sei nicht allein ein Recht, sondern eine Pflicht aller Frauen.« Blum war beeindruckt und lud die Autorin zu weiteren Texten ein. Auch zu Ernst Keil, dem Herausgeber der einflussreichen vormärzlichen Zeitschrift »Der Leuchtthurm«, die später, nach deren Verbot und einer mehrmonatigen Inhaftierung Keils, ab 1853 unter dem Titel »Die Gartenlaube« erschien, entstand eine freundschaftliche Verbindung. Für Keil schreibt Louise Otto in der Folge viele Artikel über die Frauenfrage, allerdings für eine ganze Weile unter dem Pseudonym »Otto Stern«, weil der Herausgeber meint, seinem Publikum keine politische Autorin zumuten zu können.

Nach einer weiteren Reise nach Schlesien entsteht 1846 der Roman »Schloss und Fabrik«, in dem sie die Not der schlesischen Weber anprangert. Wegen »aufrührerischen Inhalts« wird das Buch zunächst von der sächsischen Zensur verboten, kann aber kurz darauf, nach einigen Streichungen und Veränderungen der inkriminierten Passagen, doch publiziert werden; dabei spielte sicherlich auch eine Rolle, wie das sächsische Kulturministerium hervorhob, dass das Buch ja nur von einem Mädchen geschrieben worden war.

Und dieses Mädchen meldet sich im selben Jahr noch einmal zu Wort. Mit ihrem 1846 veröffentlichten Gedichtband »Lieder eines deutschen Mädchens«, dessen Texte sich in erster Linie den »einfachen« Leuten und den Frauen widmen, wird sie deutschlandweit berühmt und gar als »Lerche des Völkerfrühlings« verehrt. Insbesondere in Arbeiterkreisen erfreut sich ihre bildreiche Lyrik großer Beliebtheit. Dies steigert sich noch, als sie sich 1848 mit einer öffentlichen »Adresse eines deutschen Mädchens an den hochverehrten Minister Oberländer[29]« wendet, der, um Reformen auf den Weg zu bringen, eine »Arbeiterkommission« einzusetzen plant. Diese Kommission, so Louise Otto in der am 20. Mai in der »Leipziger Arbeiter-Zeitung«

---

29 Martin Gotthard Oberländer (1801–1868), siehe Fußnote 16, S. 65.

veröffentlichten Adresse, sollte jedoch nicht nur Arbeiter, sondern auch Arbeiterinnen aufnehmen: »Glauben Sie nicht meine Herren, dass Sie die Arbeit genügend organisieren können, wenn Sie nur die Arbeit der Männer und nicht auch die der Frauen mit organisieren – und wenn alle an sie zu denken vergessen: Ich werde es nicht vergessen!«

Louise Otto ist nun eine »öffentliche Person«. Die Presse beschäftigt sich mit ihr, Arbeitervereine, die sächsische Märzregierung und demokratische Frauenvereine suchen ihren Rat. Also beschließt sie, ihre Aktivitäten zu bündeln und gründet 1849 die »Frauen-Zeitung«, die ihr infolge der erstarkenden Reaktion einige Hausdurchsuchungen beschert und die ein Jahr später in Sachsen verboten wird. Man hatte kurzerhand ein neues Gesetz erlassen, wonach nur noch Männern die Herausgabe und Redaktion einer Zeitschrift erlaubt war (»Lex Otto«). Louise Otto wich daraufhin ins thüringische Gera aus, wo die Zeitung noch bis 1853 erscheinen konnte.

Neben ihren Erfolgen und den damit auch zunehmenden politischen Querelen – sie war eben nun nicht mehr nur ein Mädchen – lernte Louise 1849, während einer Reise zu ihrer Schwester ins Erzgebirge, den Schriftsteller August Peters[30], Sohn eines Strumpfwirkers, kennen – und lieben. Es entsteht ein reger Briefwechsel. Als sich Peters, überzeugter

30 August Peters (1817–1864) veröffentlichte erste Erzählungen in Robert Blums »Vaterlandsblättern und gründete 1848 das demokratische Wochenblatt »Die Barrikade« in Meißen. Als Teilnehmer an Zweiten Badischen Aufstand wurde er gefangen genommen und zum Tode verurteilt; aufgrund einer Erkrankung wird das Urteil zu einer Haftstrafe umgewandelt. Im Gefängnis verlobt er sich 1850 mit Louise Otto und heiratet sie acht Jahre später, nach seiner Entlassung, im Meißner Dom.

Demokrat wie Louise, kurz darauf am Zweiten Badischen Aufstand beteiligt, gerät er in Gefangenschaft. Die Kontakte sind fortan sporadisch, Besuche selten. Aber Peters gesteht Louise seine Liebe in Briefen und verlobt sich mit ihr vom Gefängnis aus im Jahre 1850. Die Verlobungszeit währt volle acht Jahre, bis Peters schließlich begnadigt wird. Die Heirat findet am 28. November 1858 im Meißener Dom statt. Ein Jahr später siedelt das Paar nach Leipzig über, wo Peters die gemäßigte »Mitteldeutsche Volkszeitung« redigiert und Louise zeitweilig die Feuilleton-Redaktion leitet.

Als August Peters vier Jahre später, am 4. Juli 1864, an einem Herzleiden stirbt, das er sich in den Zuchthausjahren zugezogen hat, wendet sich Louise Otto-Peters, zweifellos enttäuscht über die politische Entwicklung in Deutschland, wieder verstärkt der Frauenpolitik zu. 1866 erscheint ihre Schrift »Das Recht der Frauen auf Erwerb«, und 1869, dem Erscheinungsjahr von August Bebels Buch »Die Frau und der Sozialismus«, gründet sie einen »Verein zur Fortbildung und geistigen Anregung der Arbeiterfrauen«, der jedoch schon bald mittels verschärfter Vereinsgesetze nach Niederschlagung der Revolution wieder aufgelöst werden muss.

Bereits einige Jahre zuvor, am 18. Oktober 1865, war auf Initiative von Louise Otto-Peters der »Allgemeine Deutsche Frauenverein« in Leipzig gegründet worden, der Beginn einer ersten organisierten Frauenbewegung in Deutschland. Die zentralen Forderungen des Vereins, das Recht der Frauen auf gleiche Bildung und auf gleiche Chancen am Arbeitsmarkt – sowie, nicht zuletzt, die gleiche Entlohnung von männlichen und weiblichen Arbeitsleistungen – sind seitdem zwar immer noch nicht verwirklicht, sind aber als Zielvorstellungen allgemein akzeptiert und werden wohl nur noch von wenigen »Unverbesserlichen« infrage gestellt. Das ist, unter anderem, das Verdienst von Louise Otto-Peters. Auch wenn manche ihrer Einstellungen und Haltungen aus heutiger Sicht eher altbacken und antiquiert anmuten, ist die Lebensleistung Louise Otto-Peters kaum hoch genug einzuschätzen. Zwar ist die inzwischen auch grundgesetzlich verankerte Gleichstellung von Mann und Frau faktisch noch längst nicht erreicht, aber die Fortschritte, die durch ihr Wirken erzielt werden konnten, sind unverkennbar.

Am 13. März 1895 stirbt Louise Otto-Peters, kurz vor Vollendung ihres 76. Lebensjahres, in Leipzig.

Rüdiger Dammann

EDITORISCHE NOTIZ

Die »Bibliothek der frühen deutschen Demokratinnen und Demokraten« versammelt deutsche Demokratinnen und Demokraten aus den Revolutionsjahren 1848/1849 mit einer Auswahl ihrer Texte. In diesem Zeitraum beginnt eine erste breite, eigenständige, genuin demokratische Bewegung in den 34 Staaten und 4 Freien Städten des Deutschen Bundes, ausgehend von Baden und dem gesamten Südwesten. Die hier formulierten demokratischen Ideen, Pläne und Programme zur Errichtung einer freien, demokratischen Bundesrepublik auf der Grundlage allgemeiner Wahlen, einer sozialen Marktwirtschaft, eines elaborierten Grundrechtskatalogs, der gleichermaßen für Männer und Frauen gilt, einer transparenten Gewaltenteilung – eingebunden zudem in einer Union der anderen freien europäischen Nationen – fundieren unsere heutige demokratische Gegenwart.

Da die hier vorgelegten Texte nicht Teil einer »wissenschaftlichen« Edition im strengen Sinne sind, sondern die »Bibliothek der frühen Demokratinnen und Demokraten« eine »Publikums-Edition« sein möchte, haben wir die Texte, den heutigen Lesegewohnheiten entsprechend, orthografisch und grammatisch an die gegenwärtig vertraute Rechtschreibung angepasst.

Editorische Anmerkungen werden auf ein Mindestmaß beschränkt und nur dort vorgenommen, wo eine kurze Erläuterung (zum Beispiel bei der Nennung von Namen oder Ereignissen wie auch bei der Verwendung von heute nicht mehr gebräuchlichen Redewendungen) zum Verständnis des Textes erforderlich, mindestens hilfreich ist.

QUELLEN

Über die Teilnahme der Frauen am Staatsleben (Auszug) | Louise Otto in: Vorwärts. Volkstaschenbuch für das Jahr 1847, hrsg. von Robert Blum, Leipzig 1847, S. 41–62

Gedichte: Lieder eines deutschen Mädchens | Die bis 1868 entstandenen Gedichte erschienen in den Ausgaben: Lieder eines deutschen Mädchens, Leipzig (Adolph Wienbrack) 1847; Westwärts. Lieder, Meißen (Klinckicht und Sohn) 1849; Gedichte, Halle (Schroedel und Simon) 1866; Gedichte, Leipzig (E. F. A. T. Rötschke) 1868.

Epilog | Luise Otto (1847) in: Mein Lebensgang, a.a.O., S. 147.

Und ich bin nichts als ein gefesselt Weib | Ebd., S. 151.

Robert Blum. November 1848 | Ebd., S. 152.

Am Schluss des Jahres 1849 | Ebd., S. 154.

Der Sohn des Volkes | Ebd., S. 182.

Dem toten Gatten. 1864 | Ebd., S. 251.

Artikel aus der »Frauen-Zeitung« | Einzelne Ausgaben der »Frauen-Zeitung« sind in verschiedenen Archiven zu finden, so z. B. im Berliner Bundesarchiv, in der Staats- und Universitätsbibliothek Dresden oder im FrauenMediaTurm, Köln. Die kompletten Ausgaben lassen sich u. a. im Archiv der Louise-Otto-Peters-Gesellschaft e.V. einsehen.

Programm | Nr. 1 vom 21. 4. 1849, S. 1.

Die Freiheit ist unteilbar | Nr. 1 vom 21. 4. 1849, S. 2.

Krieg | Nr. 2 vom 28. 4. 1849, S. 1f.

Sendschreiben an alle »Verbrüderten« | Nr. 3 vom 5. 5. 1849, S. 6f.

Assoziation für Alle! | Nr. 4 vom 12. 5. 1849, S. 4f.

Bücherschau | Nr. 8 vom 9. 6. 1849, S. 7.

Vortrag, gehalten im demokratischen Frauen-Verein zu Oederan (im Januar 1849) | Nr. 11 vom 30. 6. 1849, S. 3–5; (Fortsetzung) Nr. 12 vom 7. 7. 1849, S. 3–5; (Schluss) Nr. 14 vom 21. 7. 1849, S. 2–4.

Zur Ermutigung | Nr. 33 vom 17. 8. 1850, S. 3–5.

§ 12. des Entwurfs eines Preßgesetzes für das Königreich Sachsen | Nr. 51 vom 21. 12. 1850, S. 2f.

Abschiedswort | Nr. 52 vom 31. 12. 1850, S. 1–3.

Das Recht der Frauen auf Erwerb | Erstdruck: Hamburg (Hoffmann und Campe) 1866; Neudruck als Sonderausgabe der »Sammlung Hofenberg«, Berlin 2015.

NAMENSREGISTER